누군가의 삶은
누군가에겐 풍경이 된다

누군가의 삶은
누군가에겐 풍경이 된다

ⓒ 이용을, 2025

초판 1쇄 발행 2025년 11월 24일

지은이　이용을
펴낸이　이기봉
편집　좋은땅 편집팀
펴낸곳　도서출판 좋은땅
주소　서울특별시 마포구 양화로12길 26 지월드빌딩 (서교동 395-7)
전화　02)374-8616~7
팩스　02)374-8614
이메일　gworldbook@naver.com
홈페이지　www.g-world.co.kr

ISBN　979-11-388-4985-2 (03810)

- 가격은 뒤표지에 있습니다.
- 이 책은 저작권법에 의하여 보호를 받는 저작물이므로 무단 전재와 복제를 금합니다.
- 파본은 구입하신 서점에서 교환해 드립니다.

# 누군가의 삶은
# 누군가에겐 풍경이 된다

──── • 이용을 에세이 • ────

 왼쪽에서 심장이 뛰는 사람은
불평등에 관심을 가지지 않을 수 없다.

좋은땅

― • 프롤로그 • ―

 플라톤은 인간을 털이 없고 두 다리로 걷는 유일한 동물로서 정의하고자 했다. 하지만 디오게네스가 강연장에 털이 뽑힌 닭을 풀어 놓으며 플라톤의 정의를 즉각 반박했다. 그 이후 인류는 인간의 독특성을 증명할 수 있는 증거를 찾기 위해 노력해 왔다. 하지만 이것만이 인간의 고유하고 특별한 능력이라고 명확한 정의를 내리기는 좀처럼 쉽지 않았다. 그 이유는 철학자들마다 인간의 특성은 '이것'이라고 정의 내리면 실험과 증명을 통해 즉각적으로 반박되거나 거부되기 일쑤였다. 예컨대, '도구 제작자로서 인간'(Man the Tool Maker), '상징을 이용해 의사소통하는 인간의 특별한 언어능력', '사회적 동물', '정치적 동물', '도덕적 동물' 등등의 명명은 모두 이것만이 인간만의 고유한 특성이라는 점을 명확히 증명하지는 못했다.
 토마스 홉스(Thomas Hobbes, 1651)는 '모든 인간의 일반적 경향 중에 하나가 죽음에 이르러서야 멈추는 그들의 끝없고 쉼 없는 권력에 대한 욕망'이라 갈파했다. 홉스의 통찰이 옳은지는 모르겠지만, 프란스 드 발(Frans De Waal)의 『침팬지 폴리틱스: 권력 투쟁의 동물적 기원』을 읽노라면 일면 머리가 끄덕여지는 부분이 있다. 만약 인간에게서든지, 동물에게서든지 간에 '욕망'이라는 자리가 텅 빈다면, '집단'이나 '사회' 형성의 필요가 있을까? 더 나아가 '욕망'의 한계는 어디까지일까? 홉스의 말 대로 정말 죽어야만 멈추는 것일까? 인간 군상의 무한한 욕망을 억제할 법과 제도는 분명 존재할 것이다. 하지만 이를 운영하는 최고 지도자의 자질과 능력 여하에 따라 결과가 과연 달라질까? 행여라도 달라진다면 어디까지일까? 나의 현재까지의 결론은 '모르겠다'이다. 특히 대한민국에서는⋯

에릭 프롬(Erich Fromm, 1900~1980)은 불후의 명저 『사랑의 기술』(The Art of Loving)에서 "인간은 태어나자마자 개인으로서든 인류로서든 본능처럼 결정되어 있는 상황으로부터 비결정적이고 불확실하며 개방적인 상황으로 쫓겨나며, 확실한 것은 과거뿐이고 미래에 확실한 것은 죽음뿐"이라고 역설했다.

과연 확실한 것은 과거이고 죽음뿐이겠는가? 분명 아닐 것이라고 전제하면서 몇 가지 사례를 들어 보고자 한다. 노량해전에서 이순신 장군과 뜻을 함께했던 명나라 수군 부도독 '등자룡', 자식을 위해 자신의 목숨을 초개처럼 버린 어머니, 2001년 1월 26일 야마노테선 신오쿠보역에서 선로에 추락한 취객(사카모토 세이코, 坂本成晃)을 구하려다 사망한 의인 이수현 씨, 뇌사 상태에서 장기 기증을 결정한 부모와 가족들. 이들은 모두 이타적 삶을 살았고, 누군가를 위해 자신의 목숨을 희생한 사람들이다. 누군가를 위해 하나뿐인 목숨을 버릴 수 있는 것은 혈연관계밖에 없을 터인데, 타인을 위해 자기 목숨을 버린 이들의 마음은 어떠했을까? 혹시 여러분은 궁금하지 않으신지⋯요.

혹여 인간은 과거, 현재 그리고 미래의 가능성을 아는 유일한 생명체일 것이라는 생각도 든다. 즉 인간에게 부여된 '이성'을 통해 우주 혹은 자연과 분리된 실체로서의 자기 자신에 대한 인식, 자신의 생명이 덧없이 짧다는 것, 원하지 않았는데도 태어났으며, 원하지 않아도 죽을 것이며, 언젠가 자신은 사랑하는 사람과 이별하게 되리라는 사실에 대한 인식, 권력자의 힘 앞에 한 개인으로서 무력한 자신의 존재감을 깨닫는 순간, 인식과 분리된 인간의 실존방식은 견딜 수 없는 감옥으로 다가올 것이다. 만약 인간이 이 감옥으로부터 탈출하여 동종의 인간과 또는 사회와 결합하지 못한다면 아마도 미쳐 버릴 것이다.

요즘에 내가 주로 읽는 책들은 '경제학'과 '복지', '진화론'에 관한 책들이다. 그 이유는 간단하다. 불평등은 경제적 측면과 직접적 관련이 있기 때문이고, 복지는 이러한 불평등을 극복하기 위한 '산고(産苦)'이기 때문이다. '경제학'은 인간을 자신의 만족 혹은 이익을 극대화하는 이기적인 존재로 가정하지만, 최근에는 인간의 이타성을 설명해 주는 다양한 이론의 책들이 출간되고 있다. 특히 최정규의 『이타적 인간의 출현』은 읽을 만한 책인 것 같다. 크로포트킨은 『상호부조론』(1902)에서 곤충이나 동물에서도 이타적 행동은 무수히 발견되며, 오히려 이기적 행동보다 더 보편적이라고 주장했다. 사실 이 문제는 찰스 다윈이 『진화론』을 쓸 때 가장 깊이 고민했던 부분이기도 했다. 이기적으로 행동하는 개체가 환경에 더 잘 적응하고 살아남는다는 '적자생존의 원리'는 다윈의 이론을 사회현상에 적용한 하버트 스펜서(Habert Spencer)의 이론이지 다윈의 이론이 아니다. 스펜서는 무자비한 생존경쟁을 강조했고, 빈자(貧者)에게 자선을 베푸는 것은 '잡초 제거에 방해가 되기 때문'이라는 이유로 반대했고, 윌리엄 섬너는 '백만장자는 자연도태의 산물'이라고 주장하면서 사회진화론을 적극적으로 옹호했다. 스펜서를 위시한 '사회진화론'은 부자 즉 강자의 이익에 봉사하는 이데올로기일 뿐이다. 아마도 우리나라의 극우 세력은 자신도 모르게 사회진화론자가 되어 있는 것이다. 이를 타파할 수 있는 방법은 '보편적 복지' 외에 다른 방법이 쉽게 떠오르지 않는다.

대학 다닐 때는 反자본주의의 격동기를 온몸으로 부딪치며 살았지만, 그 이후 삶은 이에 대해 눈가리개를 뒤집어쓰고 사는 세대가 되었다. 그러면서 자본주의 사회의 위기 인식과는 점점 멀어져 현실과의 타협이라는 수단을 선택하기도 했다. 잘못된 타협을 위장하기 위해 한때는 페미니즘, 생태주의, 탈식민주의, 흑인해방 사상, 자유주의, 사회민주주의에 관련된 책들을 탐독했지만, 뭔가에 대한 불충족은 또 다른 무엇인가를 갈망하면서 이 책, 저 책을 골라서 읽기만 했다. 쌓여 가는 책들이 마치 위안이라도 주는 듯이 말이다. 그것은 역설적이게도 혹독한 자본주의 위기 속에 살고 있긴 하지만, 그 위기를 명쾌하게 정리해 주는 비판이론을 간절히 바라는 열망의 징후에 더 가까운 희망을 걸고 있었다는 느낌을 지울 수 없다.

많이 부족하고 중구난방 같은 내용의 책이다. 그 책임은 오로지 필자에게 있다. 여러분의 질책을 겸허히 받아들일 자세는 이미 갖추어졌다. 하지만 필자인 나는 심혈을 기울였다는 변명은 늘어놓고 싶다.

이 책의 구성을 소개하자면 다음과 같다. 1부 '블로그와 나'는 블로그와 신문에 기고했던 글을 대폭 수정해 놓은 글이고, 2부 '누군가의 삶은 누군가에게는 풍경이 된다'는 필자의 개인적인 사건들이고, 일부는 20대 대선에서 민주당 후보의 정책자문교수단의 일원으로 참여하면서 느낀 소회를 간략하게 적은 글이다. 3부는 여·순과 관련된 내용을 실었다가, 12.3 비상계엄의 발표로 인해 고민하고 또 고민하다가 2부에 실었던 내용을 3부로 옮겼다. 제목도 '역사는 항상 대중의 편이다. 다만 더디게 걸어갈 뿐'

이라 바꿨고, 12.3 비상계엄 국면에서 광화문에서 응원봉을 들 수도 없고, 키세스 응원단처럼 은박지를 뒤집어쓰고 밤샘을 할 수도 없는 나의 안타까운 마음의 소회를 적은 글이다.

처음 썼던 글을 읽었던 어떤 인사는 너무 과격하다는 지적도 있고 해서 많이 완화된 표현으로 바꾸었지만, 그래도 자신의 생각과 다름을 느끼시는 분들이 많으리라 본다. 그런 분들은 읽지 않아도 된다.

독일 사회민주당 대표를 역임했던 오스카 라퐁텐(Oskar Lafontaine)은 『심장은 왼쪽에서 뛴다』라는 멋진 제목의 저서를 냈다. 제목처럼 그도 좌파의 심장을 가졌다는 의미일 테다. 라퐁텐만큼은 아니지만 내 심장도 왼쪽에서 뛴다. 왼쪽에서 심장이 뛰는 사람은 불평등에 관심을 가지지 않을 수 없다. 라퐁텐의 책 제목을 차용하려 했더니 이 책의 줄거리가 위 책과 일치하지 않는다면서 반대하기도 했고, 기억하기 좋은 제목이라 찬성하는 부류도 있었지만. 약간의 멋을 부리려는 내 심사가 작용한 것도 사실이다. 오랜 고민 끝에 '누군가의 삶은 누군가에겐 풍경이 된다'로 제목을 바꿨다. 독자들은 숲속을 가볍게 산책한다는 기분으로 읽어 주시길 부탁드리며, 감흥이 전달되지 않으면 그냥 덮어도 좋다. 하지만 필자가 바라는 바는 풍요로운 인생을 위한 자극제로 삼았으면 좋겠다는 간절함은 있다.

다시 정신 차리고 보니 어느덧 지긋한 나이가 되었다. 초등학교 시절, 동네 입구의 '당산(堂山)'에서 모시옷을 입고 부채를 부치시며 곰방대를 쭉쭉 빨고, 연기를 내뿜으면서 젊은이들의 버릇없음을 한탄하던 그 당시의 할아버지들과 어느덧 비슷한 연배가 되었다. 여기서 인생을 끝마칠 수는 없지 않은가? 그래서 원래 잡은 화두가 두 갈래였다. 하나는 '불평등' 문제이고, 또 다른 하나는 '제주 4.3'과 '여순 사건'이다. 지난한 연구 과정이지만 포기하지 않고 달려왔고, 휴일이나 쉬는 날이면 여수, 순천의 이곳저곳을 탐방하고, 기록했다. 언제 마칠지 모르겠지만 아직도 진행 중이며, 마라톤의 반환점은 돌았다고 생각한다.

끝으로, 평생 동안 필자가 잘 되기만을 빌고 빌어 오신 어머니께 이 책을 바치고자 한다. 아흔을 넘기신 어머니는 온전하지 못한 정신으로 '이걸 먹자', '저걸 먹자', 딸기를 내 입에 밀어 넣어 주시면서 빨리 먹으라고 재촉하신다. 갑자기 지갑을 통째로 건네면서 '이것밖에 없다'라며 미안해하는 표정을 지으신다. 흐르는 눈물을 어머니에게 보이지 않으려 고개를 옆으로 돌리는 순간 당신을 바라보라고 재촉하신다. 그냥 죄송할 따름이다. 그리고 훌륭한 기록들을 책으로, 논문으로, 소설로 남겨 준 학자들과 작가들에게 지면으로나마 감사의 인사를 전해 본다. 마지막으로 큰 힘을 보태 준 가족에게 사랑을 담아 고마운 마음을 전해 본다.

보린재 연구실에서
2025년 10월 이용을

· 목 차 ·

프롤로그   4

## 1부 블로그와 나

1. 염치[廉恥]   14
2. _~답다_의 현재적 의미   22
3. 손석희의 장면들(The Scenes)   31
4. 흰소리   39
5. 신뢰(信賴)   46
6. 신언서판(身言書判)   56
7. 시지포스 신화와 동기, 그리고 인간 존재의 의미   61
8. 군맹무상(群盲撫象) - 소경 코끼리 만지기   68
9. 무재칠시(無財七施)   75
10. 불편부당(不偏不黨)   85
11. 군자삼계   93

## 2부 누군가의 삶은 누군가에겐 풍경이 된다

1. 나는 왜 쓰는가   102
2. 사랑은 꿈속에서의 영롱한 색채로 잠시 다가왔던 것임을…   109
3. 누군가의 삶은 누군가에겐 풍경이 된다   115

4. 그런 삶은 먼 타향에서나 가능하지 않을까     120

5. 사과, 용서, 반성, 책임     123

6. 행운이란 변덕스러운 여인과 같다     129

7. 원칙과 상식을 낯설어하는 사회     134

8. 극단적 소수가 다수를 지배한다     139

9. 군집행동 - 베블런 효과와 백로효과     145

10. 예측복종     150

## 3부 역사는 항상 대중의 편이다, 다만 더디게 걸어갈 뿐

1. 전쟁 중인데 뭐 하십니까     160

2. 개소리(ON BULLSHIT)     168

3. 언어는 곧 그 사람의 또 다른 표현이다     173

4. 국민은 뽑을 권리도 있지만, 뽑아낼 권리도 있다     180

5 평강공주의 신드롬은 허상이다     186

6. 조국 신드롬은 어떻게 형성되었는가     192

7. 1,000일의 신화 - 왜, 지금, 갑자기     198

8. 해방공간과 이념, 민중의 선택     204

에필로그     212

1부

블로그와 나

# 1. 염치[廉恥]

### 염치의 사전적 의미

　염치(廉恥)의 염(廉)은 '청렴하다', '검소하다', '곧다'의 의미이고, 치(恥)는 '부끄러워하다', '부끄럽게 여기다', '도(道)에 어긋남을 부끄럽게 여기다'의 의미를 지닌다. 이러한 어원을 가진 염치(廉恥)는 '체면을 차릴 줄 알며 부끄러움을 아는 마음'이라는 의미로 쓰인다. 간혹 '양심'을 지칭하는 단어로 쓰이기도 한다.
　염치라는 단어도 많이 쓰이지만, '염치 불고(不顧)'라는 단어 역시 많이 사용하고 있다. 이 단어를 직역하면 '염치를 돌아보지 아니하고', '체면을 차리지 않고'의 정도로 해석할 수 있겠다. 일상적으로 사용하는 염치불구(不拘)는 염치에 맞지 않는 맞춤법이라 할 수 있다.
　일반적으로 '염치 불고하지만'이라는 단어는 자신의 잘못을 뉘우치고 용서를 빈다는 의미로 사용된다. 영화배우인 하정우는 프로포폴 불법투약 혐의로 법정에 서게 되었을 때 자신의 혐의를 인정하면서 자신의 잘못을 "뼈저리게 후회하고 있다"라고 말했다. 변호인단 역시 반성과 함께 "경솔한 판단에 대해 죄송하게 생각한다"라면서 혐의를 인정했다. 이때 염치 불고하고는 '염치 없지만'이라는 의미로 쓰였음을 알 수 있다.

## '얌체'의 의미

얌체는 '염치'의 작은 말 '얌치'에서 비롯된 말이란다. '얌치'는 마음이 결백하여 부끄러움을 아는 태도를 가리키는 말인데, '얌체'는 이 얌치 즉 염치가 없는 사람이라는 의미로 사용된다. 통상 '자기에게 유리한 행동만 해서 얄미운 사람'의 의미로 사용된다. 예를 들면 "계속 그렇게 얌체같이 행동하면 점점 친구들이 너를 멀리할 거야", 혹은 "동생은 힘든 일이라곤 전혀 하지 않아서 우리 집안에서는 얌체로 통한다." 등이 그 용법이다. 이때의 의미는 자기 이익만 따져서 행동하는 사람을 가리키면서 동시에 그렇게 행동하면서도 '부끄러움을 모르는 사람' 혹은 '얄밉다'라는 뜻이다.


## 염치없이 살았어요

한국인 최초로 지구를 벗어나 우주 궤도에 있다가 귀환한 이소연[1]은 그 후 우주 경험에 대해 수많은 공연과 방송 출연을 통해 당시 '셀럽'(유명인을 의미함, 셀러브리티(Celebrity)의 줄임말)으로 등극했다. 셀럽은 조용필이나 임영웅처럼 대중들로부터 주목받고 그들에게 강력한 영향을 끼치는 사람을 지칭한다.

그러던 그녀가 홀연히 미국으로 떠났다. 이럴 때 '염치없다'라고 말한

---

1) 이소연(李素姸, 1978년 6월 2일~)은 2008년 4월 대한민국 최초의 우주 비행 참가자(Space Flight Participant)로서 국제 우주 정거장에서 11일간 체류하였다. 그녀는 전 세계적으로는 475번째, 여성으로서는 49번째 우주인이다. 그녀는 2명의 아시아계 미국인을 포함하여 4번째 아시아 여성 우주인이기도 하다.

다. 한 명의 우주인을 양성하려면 엄격한 선발 과정을 통과해야 하며, 더 나아가 우주유영에 대한 지식과 기술을 전수하는 데 엄청난 돈이 투입된다. 그녀는 인터뷰에서 이런 말을 했다. "지구는 전 우주의 작은 하나의 소행성이다. 전체 우주 크기의 일천억 분의 일도 안 되는 작은 지구, 이 작은 지구에서는 산소통을 매거나 들지 않아도 걷고 뛰고 달리고 마음껏 숨 쉴 수 있으며, 땅에 씨앗을 심으면 싹이 나고 잎이 나오고 열매가 열립니다. 이런 사실을 깨닫지 못하고 자신이 이 땅에서 누리고 있는 모든 것을 너무나 당연한 것으로 느꼈던 자신의 삶을 염치없다"고 인정한 것이다. 그녀는 존재하는 모든 것에 대한 감사의 마음을 느끼지 못했음을 스스로 고백한 것이다.

혼히 염치없는 사람을 '몰염치하다', '뻔뻔하다', '예의 없는 사람'이라 칭하고, 그 반대로 염치를 아는 사람, 염치를 차리고 사는 사람에게 '염치'는 이소연의 표현처럼 '감사'의 의미도 될 수 있다. 왜냐하면, 이 세상에 우리가 누리고 사는 것 중에 '당연한 것'은 아무것도 없기 때문이다. 누리고 사는 것 그 자체가 축복이고 감사를 표해야 할 대상들이다.

생존한 전직 대통령 중 한 명은 사면을 받고 병원에서 치료 중이며, 또 한 명은 현재 감옥과 병원을 오가고 있다. 이 두 명의 전직 대통령도 '염치없음'을 스스로 느끼거나 혹은 그동안 삶의 태도에 대해 반성하고 있을까? 전혀 그럴 것 같지는 않다.

선출된 대통령도 감옥에 보낼 권한을 가진 관료집단이 검찰과 법원이다. 검찰은 얼마 전 대통령 비서실 민정수석을 역임했고, 전직 국회의원이었던 사람을 구속시켰다. 반면, 일명 50억 클럽에 이름이 오르내리던 박모 변호사, 현직 야당 대통령 후보 등 수많은 사람들이 사법 권력을 향유했거나 아직도 그 영향력을 향유하면서 살고 있다. 검사와 판사, 변호사는 사법 카르텔을 형성하여 자기 식구 감싸기에 혈안이다. 현 정부 들어 적폐 검·판사가 수십 명인데, 이들은 모두 '혐의없음'이나 '무죄'로 석방되었다. 대다수 국민 입장에서 보면 이들의 제 식구 감싸기는 염치없음의 극치라 아니할 수 없다.

조직의 베풂에 힘입은 카르텔 집단들은 끼리끼리 모여 자기들만의 리그에서 맘껏 그들만의 자유와 권리를 향유하면서 살아간다. 권위주의 정권 시절 이들은 권력에 복종하고 협력하면서 자신들의 기득권이 활짝 꽃 피울 날만을 기다렸다는 듯이 사법 집단들의 수사는 짜고 치는 고스톱판과 무엇이 다르단 말인가. 이들은 민주주의를 위태롭게 하는 '적폐'집단이다. 국민들의 열망이었던 사법개혁을 제대로 하지 못한 현 정권 또한 당연히 비판받아야 할 것이다.


## '염치' 있게 살아야

옛 성현들은 '지치(知恥) 즉 수치심을 아는 것'에서 인간의 도리가 비롯된다고 보아 염치에 예의(禮義)를 덧붙여 '예의염치(禮義廉恥)'라 명명하였다. 예의염치란, 예절과 의리와 청렴과 부끄러움을 아는 태도를 말한다. '예의'는 사람이 지켜야 할 예절과 의미를 이르는 말이고, '염치'는 체면을 차릴 줄 알고 부끄러움을 아는 마음을 의미한다.

'염치'를 국가 기틀의 하나로 끌어올린 이는 중국의 춘추전국시대, 제(齊)나라의 제상이었던 관중(管仲)이다. 관중을 관자라고도 부르며 '관포지교(管鮑之交)[2]"의 주인공이기도 하다. 관중은 '예(禮)·의(義)·염(廉)·치(恥)'를 일컬어 국가의 4가지 기강(四維)이라 했다. 관중은 예의염치 중 "하나가 없으면 나라가 기울게 되고, 둘이 없으면 위태롭게 되며, 셋이 없으면 뒤집어지고, 모두 없으면 그 나라는 파멸을 면치 못하게 된다"고 했다. 예나 지금이나 예의염치 없이 행동하는 사람들이 많음을 알 수 있다. 그 외에도 수많은 제자백가들이 염치에 대해 논했음을 미루어 짐작할 수 있다.

'염치' 없는 사람을 몰염치(沒廉恥)한 인간이라 부른다. 몰염치한 인간은 자신의 잘못을 뉘우치지 않을 뿐만 아니라, 변명과 기만을 일삼는 행동을 주로 한다. 특히 자신이 시켜서 한 일이 잘못되었을 때 이를 행한 사람이나 아랫사람에게 뒤집어씌우는 행동을 일삼을 때 '몰염치'하다고 말한다.

'파렴치(破廉恥)'라는 단어가 있다. 파(破)는 '깨뜨리다'는 의미이므로, 파렴치는 '염치를 깨 버린다' 혹은 '염치를 깨 버리는 사람'을 일컫는다. 즉 남에게 신세를 지거나 폐를 끼쳤을 때 부끄럽고 미안한 마음은커녕 신세나 폐 끼침에 대해 아무렇지 않게 여기거나 고마움을 모르는 사람임을 넘어 오히려 당연하게 여기는 사람을 지칭한다.

맹자는 '사람이란 무릇 부끄러워하는 마음이 없어서는 안 된다'라고 갈파했다. 염치의 회복은 곧 대한민국이라는 공동체의 공공선을 회복하는 지름길이 될 것이다. 하지만 우리 주변이나 사회지도자들이라고 하는 사

---

2) 중국 춘추시대 제나라의 '관중'과 '포숙아'와 같은 사귐 혹은 우정을 의미하는 사자성어로, 매우 돈독하고 진실된 친구 사이를 지칭한다. 현대의 관포지교는 세월이 지나도 변치 않는 참된 우정을 의미하지만, 상대의 장점과 어려움을 이해하면서 무조건적인 신뢰와 배려가 전제될 때만 가능해진다.

람들이 내뱉는 말 한마디 한마디에 이들의 염치없음을 보고 사람들은 혀를 끌끌 찬다.

이의 대표적 인물이 윤석열과 최재형이다. 이 두 사람이 보수 야당에 둥지를 틀었다고 해서 염치없음의 대표적 사례로 꼽는 건 아니다. 한 사람은 검찰총장으로, 또 한 사람은 감사원장으로 봉직했으며, 둘 다 임기를 채우지 않고 스스로 그만두었다는 점은 공통점이다. 그 어떤 공직보다도 두 조직(검찰과 감사원)은 정치로부터 중립성과 독립성을 보장받고 있으며, 이 두 신념에 따라 조직을 운영해야만 한다. 그런데 이 두 사람이 조직을 떠난 이유가 곧바로 정치에 몸담기 위해 그만두었다는 점은 두고두고 비판을 받게 될 것이다. 그중 윤석열은 당선이 유력한 야당의 대통령 후보이다.

이번 21대 대통령 선거에서 윤석열이 당선된다면, 정부 각료나 사정기관 및 공공기관의 장을 임명할 때, 아마도 국민을 위해 봉사하고 헌신할 사람보다는 자신에게 충성할 사람, 대통령의 심기를 살필 사람을 임명하지 않겠는가? 언제 자신을 배신할지 모르니 말이다. 배신을 해 본 사람은 배신을 가장 두려워할 수밖에 없다.

윤석열은 당선이 유력한 야당의 대통령 후보이다. 그런 그가 문재인 정권을 '적폐'라 규정하고 그 세력들에 대한 사정을 공언하고 있다. 그리고 자신의 심복이자 여러 혐의를 받고 있는 모 검사장을 서울중앙지검장에 앉힐 의사를 공공연하게 피력했다. 한편, 최재형은 야당의 대통령 경선 예비후보 출마를 선언한 후, 기자들의 질문에 공부해서 답하겠다는 엉뚱한 답변을 해서 기자들은 물론 국민들로 하여금 아연실색하게 했다. 경선에서 탈락한 후 최재형은 종로의 국회의원 보궐선거 공천장을 받았다.

최재형 역시 당선이 매우 유력하다. 임종석 전 대통령 비서실장은 이 두 사람은 검찰과 감사원 후배들에게 단번에 전국적인 인지도를 갖는 유력 정치인으로 변신하는 방법을 제시했다고 비판한 후, "후배들이 잘 보고 배웠을 것"이라 비꼬기도 했다.

  염치가 사라진 민주주의, 염치가 상실된 이 세상에서 다음 세대는 무엇을 보고 배워야 할까를 생각하니 끔찍하기 그지없다. 최재형은 스스로 문재인 대통령에게 '비겁하지 않았다'며, 비겁하지 않은 두 사람이 손잡고 정권교체를 하겠다고 선언했다. 이런 사람들을 흔히 '파렴치한(破廉恥漢)'이라 부른다. 즉 '체면이나 부끄러움을 모르는 뻔뻔한 사람'이란 의미이다.

## 글을 마치며

  이제 이 글을 마무리할 겸 '예의염치'를 다시 한번 정리해 보려 한다. 예(禮)는 사람이 마땅히 지켜야 할 도리(道理)이다. 의(義)는 사람으로서 지키고 행하여야 할 바른 의리(義理)이다. 염(廉)은 청렴, 결백, 검소, 곧고 바름을 의미한다. 치(恥)는 부끄러움과 창피함, 욕된 것을 아는 것을 말한다.

  염치 있는 사람은 공사(公私)를 명확히 구분할 줄 알아야 할 뿐만 아니라 과실(過失)도 명확히 구분할 줄 알아야 한다. 보통 염치가 없는 사람은 눈치가 없고, 어리석기까지 하다. 더 나아가 자신의 실수를 전혀 인정하지 않는다. 아집에 사로잡히기 쉽다. 옳지 않은 신념을 정당화하기 위해 불법도 저지를 가능성이 농후하다. 잘못은 솔직히 인정하고 사과해야 한다. 한 나라의 역사를 보아도 실수와 오류 없는 역사는 없다. 이 실수와 오류를 솔직히 인정하고 수정하고 보완할 때 선진국으로 나아감은 물론이고, 더 나아가 국제사회에서 큰 발언권을 가질 수 있다. 우리 모두 염치 있게 살아 봅시다.

# 2. _~답다_의 현재적 의미

### '~답다'의 사전적 의미

문득 '~답다'라는 단어가 생각나 얼른 노트북을 켜고 사이트에서 검색해 보니 다음과 같은 설명이 나온다. 첫째, "일부 명사나 명사구, 또는 어근의 뒤에 붙어, '그것이 지니는 성질이나 특성이 있다'의 뜻을 더하여 형용사(꽃답다, 아름답다)를 만드는 말"이라는 해설이 붙어 있다.

이해가 되지 않아서 밑의 해설을 보니 둘째, "일부 명사나 명사구 뒤에 붙어, '그것의 긍정적인 속성을 충분히 지니다'의 뜻을 더하여 형용사를 만드는 말"이란 설명의 해설이 있다. 예컨대, '어른답다', '학생답다', '선생님답다', '나답다'의 사례가 덧붙어 있었다. 이해가 안 되기는 마찬가지다.

세 번째 해설을 보니 "일부 명사나 명사구 뒤에 붙어, '~다운'의 꼴로 쓰여, '그것의 전형적인 속성을 지니다'의 뜻을 더하여 형용사를 만드는 말"이란다. 일례로, '그녀는 오랜만에 책다운 책을 읽었다.', '한동안 나는 춤다운 춤을 추어 본 적이 없다.', '그는 참으로 사람다운 사람이라 할 수 있다.'라는 의미의 사례가 덧붙여져 있다.

책을 읽다가, 대화를 하다가, 강의를 하다가도 가끔 이런 생각을 한다. 우리 한국말은 '아' 다르고, '어' 다르다. 왜 이렇게 어려운 걸일까? 영어처럼 단순한 의미를 담아 의미를 명확히 전달되면 안 될까? 이러니 한국인은 물론 외국인들도 한국어 배우기 어렵다는 말이 나오는 것도 당연하지 않을까 싶다. 이런 어리석은 생각 속에 잠겨 있다가 두 번째와 세 번째 뜻을 가지고 이 글을 작성해 보기로 한다.

## 군군 신신 부부 자자(君君臣臣父父子子)

제나라 임금 공경이 정사에 대해 질문을 하자, 공자는 "군군 신신 부부 자자(君君 臣臣 父父 子子)"라 대답했다. 이를 해석해 보면, "임금은 임금답고, 신하는 신하다우며, 부모는 부모답고, 자식은 자식답게 행동해야 한다"라는 뜻이다. 이에 제공경은 좋은 말씀입니다. "진실로 만일 임금이 임금 노릇을 제대로 하지 못하며, 신하가 신하 노릇을 제대로 하지 못하며, 아버지가 아버지 노릇을 제대로 하지 못하며, 자식이 자식 노릇을 제대로 하지 못한다면, 비록 곡식이 있은들 내가 그것을 제대로 먹을 수 있겠습니까?"라고 제공경이 응답한다.

이를 현대적 의미로 재해석해 보면, '임금은 임금답게 나라를 편안히 하고, 신하는 신하답게 올바른 정책을 내놓으며, 아버지는 아버지답게 모범을 보이고, 아들은 아들로서 책임을 다한다면 나라가 어찌 안정되지 않겠는가. 문신(文臣)이 돈을 탐하지 않고, 무신(武臣)이 죽음을 두려워하지 않는다면 나라가 어찌 태평하지 않겠는가. 정치가는 정치가답게, 기업가는 기업가답게, 학자는 학자답게, 학생은 학생답게!'라는 의미로 치환할 수 있을 것이고, 각자가 각각의 위치에서 맡은 바 책무를 다한다면 제대로 된 국가, 사회, 가정의 모습이 갖추어질 것이라 생각해 본다.

그러고 보니 이 세상에서 가장 어려운 것이 '~답다'인 듯하다. 임금이 임금답기 위해서는 임금으로서 지켜야 할 의무와 책무를 다해야 한다. 부모, 스승, 자식 역시 그들의 지위에서 지켜내야 할 임무와 도리를 완수해야만 '~다울 수' 있다. 지금 우리는 '~다울 수 있는 사람'을 선택해야 하는 절박한 상황에 놓여 있다.

### 왕복 1363키로미터를 달려 투표하러 간다

아침 인터넷 오마이 뉴스 기사를 검색하다가 "새 대통령을 뽑기 위해 왕복 1363킬로미터를 운전합니다. 대한민국 국민이지만 미국 이주노동자인 탓에 필라델피아 총영사관 출장소에서 투표를 해야 합니다. 꽤 먼 거리지만, 그나마 제가 사는 도시에서 가장 가까운 투표소입니다"라는 기사 내용에 눈길이 한참 동안 머물렀다. 이 거리라면 부산을 두 번 왕복할 거리인데, 한 표를 행사하기 위해 이렇게도 먼 거리를 운전하고 가다니…. 무어라 표현해야 할지…, 가슴이 먹먹해진다. 한참 동안 내 눈은 그곳을 응시하고 있었다.

'왜 그러해야 했을까?'를 생각하다 정신을 차려 다음 기사를 읽기 시작했다. 이 주인공은 작년 여름 3개월을 한국에서 보내면서 체험한 얘기 중 두 달 반 동안 경험했던 '나만의 맛집 찾기 기행', 코로나 방역을 준수하느라 각자가 지쳐 있었지만 서로 '웃어 주는 모습'에 무척 감동받았던 모양이다. 그러다 커피숍에서 느낀 점을 다음과 같이 진술한다.

"…그 어느 세대보다 뛰어난 소통 능력을 갖추고 있을 뿐 아니라

(현대 사회에서 가장 중요한 자질입니다), 그토록 열심히 준비하며 살아가는 청년들에게 합당한 기회와 보상이 주어지지 않기 때문입니다. 그뿐인가요. 어렵게 직업을 찾는다 해도, 청년들은 불안정하고 위험한 자리로 내몰리곤 합니다."

맞다. 대한민국은 정부와 국회, 언론과 방송의 토론 프로그램은 물론 심지어 대학에서까지 헤아릴 수 없을 만큼 청년 문제를 얘기해 왔고, 또 하고 있지만, 정작 중요한 시점에서 까마득하게 잊고 있었던, 아니 의도적으로 잊어버리려 했는지도 모를 청년 얘기가 나오는 순간 '아차' 싶었다.

2016년 겨울 광화문에서 촛불을 들고 '대통령 하야'를 외치며 행진할 때, 항상 옆에는 젊은 청년들이 있었다. 옆 청년이 우연히 내 신발을 밟았을 때 '죄송하다'고 하던 그 모습과 표정을 아직도 잊을 수 없다. '괜찮다'고 해도 연신 죄송해하는 그 따뜻한 마음이 번뜩 머리를 스쳐 간다.

유사 이래 자식 세대가 부모 세대보다 가난한 최초의 세대, 당장 내일의 희망이 보이지 않는 세대, 연애도 결혼도 포기해야 하는 세대, 내 집 마련은 언감생심 꿈도 꾸지 못하는 세대, 효도하고 싶은 마음은 굴뚝 같지만 마음으로만 효도해야 하는 세대들이다. 이들이 문재인 정부와 집권 여당에 등을 돌리고 있다. 야당은 이들의 부정적인 정서에 기대거나 호소하면서 세대 간 대결 구도를 만들어 표를 얻으려 할 뿐, 그들이 진정 원하는 것이 무엇인지를, 그들의 마음의 소리를 제대로 들으려 하지 않는다. 이들이 원하는 것은 '기회의 평등'인데도, 마치 요술 방망이라도 숨겨져 있는 것마냥 과대 포장하거나 또는 폄훼하려는 시도들이 오히려 문제 해결의 정확한 방향을 상실하게 만든다.

### '증오의 정치'…'덕의 정치'

요즘 청년 세대들에겐 끝이 보이지 않는 좌절의 나날들이다. 이런 상황에서 분노의 대상을 찾고자 하는 것은 인간의 가장 말초적인 본능일 것이다. 나 역시 한때 그러했으니…. 여기서 반드시 생각해 보아야 할 점이 있다. 만약 '분노'가 방향을 잃을 때는 해법은커녕 손쉬운 해결 방법도 놓치기 쉽다는 점이다. 여야 대통령 후보 캠프는 물론, 정치권도 청년들의 분노와 좌절에 대한 해결책은커녕 귀 기울이는 척하면서 오히려 이를 부추기고 있다는 점이다. 이들에게 가장 효과적으로 대응하는 방법은 뜨거운 가슴을 가진, 촛불을 들었던 정신으로 연대하는 것 외에 달리 방법이 없다. 어제 국회에서 민주당 대통령 선거 '자문교수단' 회의가 있었다. 나는 이 문제를 정면으로 제기했다. 야당은 세대 간 갈라치기 전술을 통해 청년들의 마음을 얻으려 하고 있다. 하나로 똘똘 뭉쳐 대응하지 않으면 이번 선거에서 이길 수 없다. 20대 남성의 이탈은 집권당의 정책 실패에서 기인된 것이므로, 대응책이 나오지 않으면 이기기 힘들다고 주장했다. 최종 의사결정권이 없는 상황에서의 외침은 아주 미약한 메아리로만 남을 수밖에 없었다. 돌아오는 발걸음이 천근만근이다.

다시 기사 속으로 들어가 보자. "한층 더 우려스러운 점은, 현실 속에서는 일상적으로 발견하는 정중함, 감사, 배려를 인터넷에서는 찾아보기 어렵다는 점이었습니다. 게시판들은 그야말로 아비규환의 장이었는데, 이들은 학교로 나뉘고, 직업으로 나뉘고, 남녀로 나뉘어 상대에게 좀 더 고통을 줄 언어를 찾기에 여념이 없는 듯했습니다. 가족구조의 변화와 코로나로 인해 사람들이 더 많은 시간을 인터넷에서 혼자 보내고 있다는 점을 고려하면, 이런 혐오의 언어가 사용자들의 사회적 인식과 판단에 얼마나 큰 영향을 미치고 있을지 상상할 수 있습니다."

맞다. '증오의 정치'는 또 다른 증오를 부를 뿐이다. 흔히 우리는 민주주의 하면 미국을 떠올린다. 그렇다고 미국이 진정한 민주주의 국가란 의미는 아니다. 모두 다 알고 있듯이 미국은 전 세계의 다양한 민족들이 모여 사는 다민족 국가이다. 이들이 행하는 정치는 통합의 정치라기보다는 분열과 갈등을 불러일으키는 경우도 종종 보게 된다. 가장 최근 미국과 영국에서 보여 준 '증오의 정치' 사례로 트럼프 대통령의 당선과 영국의 '브렉시트'를 들 수 있다.

트럼프는 백인과 소수민족 출신 이민자들에 대한 미 국민들의 혐오와 차별을 부추기는 언어를 사용하여 백인 남성 노동자들의 분노를 증폭시켰다. 여기에 기름을 부은 것이 인터넷과 보수언론, 소셜미디어 등이다. 트럼프의 당선으로 미국의 경제 상황이 좋아졌는가? 결코 아니다. 경제는 더 악화되었고, 트럼프는 단임으로 끝났고, 바이든이 당선되었지만, 미국의 인종차별과 소수민족에 대한 혐오는 극에 달하고 있다는 느낌을 지울 수 없다. 소수자들에 대한 협박과 폭력 더 나아가 여러 소수 인종이 백주 대낮에 폭행을 당하고, 얼마 전에는 한인 여성이 길거리에서 피살되는 사건이 발생하기도 했다. 이를 어찌 민주주의 국가라 할 수 있겠는가.

영국의 '브렉시트' 역시 미국의 상황과 똑같다. 유럽국가연합에 불만이 팽배해 있던 영국 시민들은 값싼 외국인 노동자들이 영국으로 물밀듯이 밀려와 영국인들의 일자리를 빼앗았을 뿐만 아니라 영국 국가의료보험 기금을 축내고 있다고 공공연히 주장한다. (영국인들의 주장은) 지금의 한국 상황과 적확하게 일치한다. 우리나라의 외국 노동자들은 의료보험료는 많이 내면서도 국가에서 제공하는 의료보험 혜택은 제대로 누리지 못해 오히려 의료보험 재정을 늘려 주고 있는 상황이다. 또 이들이 일하는 분야는 한국인들이 일하기 싫어하는 3D 업종에 종사하고 있다. 어제저녁 뉴스에 인도 출신 외국인 노동자가 머무르던 컨테이너 숙소에 불이 나 사망했다는 보도를 접했다. 이것이 2022년 2월의 대한민국의 안타까운 현실이다.

논어 위정편에 이런 문장이 있다. "子曰(자왈) 爲政以德, 譬如北辰, 居其所, 而衆星共之(위정이덕, 비여북신, 거기소, 이중성공지)." 공자께서 말씀하셨다. "덕으로 정치하는 것은 비유하자면 북극성이 제자리에 머물러 있을 때 뭇별들이 그를 향해 받드는 것과 같다고 할 것이다." 이를 의역하자면, '정치를 하는 지도자가 덕으로 백성을 인도하면 누가 그를 존경하지 않을 수 있겠는가'란 의미이다. 이런 관점에서 공자는 덕치(德治), 예치(禮治), 문치(文治)를 실현하는 것을 정치의 이상으로 생각했다. 이런 관점에서 공자는 '民可使由之, 不可使知之, 민가, 사유지, 불가, 사지지)'라 했다. '백성이 능력이 있으면 거기에 알맞은 일을 시키고, 능력이 없다면 교육시켜 알게 만든다'는 의미이다. 이게 덕의 정치이다.


## '분노'의 승화…리더의 자격

'승화'는 정신분석학상의 용어로, '정신 역량의 전환'을 의미한다. 즉 억압당한 욕구가 사회적, 문화적으로 가치 있는 목적으로 향하도록 노력함으로써 욕구를 충족하는 방어기제이다.

한국인들처럼 국가가 절체절명의 위기에 직면했을 때 일치단결하여 그 위기를 극복한 사례는 전 세계에서도 유례를 찾기는 쉽지 않다. 김대중 대통령의 집권 초, IMF 위기 때 금 모으기 운동, 현재 우리가 겪고 있는 COVID-19 위기를 보라. 길거리를 다니는 사람들 대부분이 마스크를 쓰고 걷고 버스와 지하철을 탄다. 나 역시 집에 와서 마스크를 벗으면서 숨을 크게 들이켠다. 그러면서 '빨리 마스크 벗을 날이 오기를…'이라고 혼자 속삭이곤 한다. 심지어 운전하면서도 마스크를 쓰는 운전자도 있다.

위기에 강한 민족이 우리 민족이다. 고 김대중 대통령은 유고집 『김대중의 망명일기』에서 "우리 민족은 높은 교육 수준, 근면하고 총명한 자질 그리고 군대에서 기술과 단체 훈련을 받은 경험 등 결코 선진국의 수준에 뒤진 바가 없다. 오직 바른 정치가 이와 같은 강인한 생명력과 우수한 자질을 가진 국민을 바른 궤도에 올려만 놓으면 무서운 폭발력으로 발전해 나갈 것이다."

화제를 잠깐 바꾸어야겠다. 나는 커피숍엘 매일 가는 편이다. 예전처럼 커피숍에 앉아 골똘히 생각하고, 노트북 자판을 두드리지는 못하지만, 머지않아 마음 놓고 사유할 수 있는 여유를 바랄 뿐이다. 주문하고 커피를 테이크아웃하는 데 걸리는 시간은 길어야 10분 이내이다. 눈을 마주칠 시간은 거의 10초 이내이다. 커피를 주문하는 '나'와 주문받는 '계산원'과는 거의 눈도 마주치지 않는다. 그렇다면 이런 관계에서도 유대감이 생기는가! 나의 대답은 '당근'이다. 코로나의 창궐로 일주일 넘게 커피숍에 가지 못했는데도, 나를 보더니 계산원이 '왜 이렇게 뜸하셨어요?'라고 상냥하게 말을 건넨다. 그냥 인사치레라고 생각했는데, '저번에 주문한 아이스 아메리카노로 드릴까요?'라고 묻는다. 나는 무심하게 '네'라고 대답하고 커피를 받아 마셔 본 첫 느낌은 '이 맛이야!'였다. 뒤돌아서서 그 계산원을 보았더니 미소로 답한다. 그 미소 속에는 '매일 매일 오세요!'라는 의미가 내포되어 있을 것이라 생각해 본다. 어찌 이 미소 속에서 분노를 감지해 낸단 말인가. 하여튼 고마울 따름이다.

인간 사회에선 분노가 때론 필요하다. 5년 전 나는 광화문의 차가운 칼바람 속에서 얼굴을 꽁꽁 동여매고 촛불을 들었다. 이유는 단 한 가지다. 이것이 성공하면 우리의 미래는 현재보다 분명 더 나을 것이고, 서로를 믿고 의지할 만한 세상, 국가다운 국가가 만들어질 것이라는 '꿈', '희망'이 있었다. 만약 이런 꿈과 희망이 없었다면 그 추위 속에서 촛불은 분명 꺼지고 말았을 것이다.

2022년 2월 23일 현재 우리나라 대선은 양 강 후보 간 초박빙으로 전개되고 있는 것 같다. 이럴 때일수록 시민들의 한 표, 한 표가 소중하다. 소중한 한 표, 한 표가 다시 한번 대한민국의 미래를 결정할 것이다. 촛불정신을 제대로 구현하지 못했다고 해서 분노의 투표를 한다면, 5년 이내에 우리는 또다시 더 큰 분노의 촛불을 들어야 할지도 모른다. 오늘 경기도 이천과 여주 양평의 민주당 지역위원장, 시의원, 당원들과 간담회를 했다. 야당 지지세가 워낙 강해서 여당이 고전하고 있는 지역이기도 하다. 새벽부터 밤늦게까지 열심히 뛰고 있는 여러분들이 개표 마지막 순간에 서로 부둥켜안고 더덩실 춤추는 모습을 꼭 보고 싶다고 얘길 했을 때, 마주 잡은 손들은 떨리면서도 으스러질 정도로 아팠다. 이건 이재명 후보를 지지하는 모두의 한마음일 것이다.

2022년 3월 10일도 해는 뜰 것이다. 아마도 분명히 오늘 아침과 같은 해일 것이다. 하지만 떠오르는 햇살 속에 담겨 있는 의미는 사뭇 다를 것이다. 미래로의 도약이냐 과거로의 퇴행이냐, 평화냐 전쟁이냐, 민생이냐 정치보복이냐를 결정해 주는 의미의 태양일 것이다.

# 3. 손석희의 장면들(The Scenes)

## 문지기론은 유효한가

20C 저널리즘의 기본은 '문지기론'이었다. '문지기론'의 핵심은 미디어가 정보를 선택하되, 그 선택의 기준은 기자 개인, 미디어라는 조직, 더 나아가 사회 자체가 정한다는 이론이다. 그렇기에 기자를 정보의 문지기 즉 '게이트키퍼'라고 부른다. 이러한 '문지기론'은 21C 정보혁명시대가 도래하기 전 이미 그 역할에 대한 비판이 거세지고 있었다.

한국언론진흥재단에서 발표한 '디지털 뉴스 리포트 2022 한국'의 보고서를 보면 한국인들은 언론이 사회에 큰 영향을 미치는 사회 기구(3.84점)라고 인식하고 있으며, 한국은 언론자유가 보장(3.67점)되어 있다고 인식하고 있다. 그렇다면 언론과 언론인의 전문성과 정확성, 신뢰성, 공정성은 어떠한가. 대체로 언론이 어느 정도는 전문성을 갖추고 있다고 인식(3.55점)하고 있지만 정확성(3.25), 신뢰성(3.24점), 공정성(3.12점) 면에서는 매우 박하게 평가했다. 즉 언론이 정부의 문지기 역할을 제대로 수행하지 못한다고 보고 있다는 것이다. 언론의 신뢰도가 하락한 배경에 대해 이 보고서는 허위·조작정보 즉 가짜뉴스(23.8%)와 편파적 기사(22.9%), 속칭 찌라시 정보(14.9%) 등이 문제라고 지적했다.

손석희는 "레거시 미디어의 문지기들이 오래된 고궁의 문지기처럼 실제 역할을 한다기보다, 구경의 대상이 된 것은 아닐까 하는 우려와 고민을 해 봤다"고 고백했다. 이 고백은 아마도 언론이 게이트키퍼로서의 역할을 충실히 해 줄 것을 강조한 것이라고 생각해 본다. 하지만 구체적 증거가 필요했다. 한참을 검색하다 보니 손석희씨가 2013년 5월 JTBC 보도담당 사장에 취임한 이후 부장들과의 첫 상견례에서 했던 발언이 아직 남아 있었다. 일부를 옮겨 본다.

> "당연히 가장 우선시되는 건 팩트지요. 그다음은 이해관계 속에서의 공정, 이데올로기에 있어서는 균형… 그리고 품위입니다. 무엇을 보도할 것인가와 어떻게 보도할 것인가에서 품위가 빠지면 안 됩니다."

손석희가 강조한 '품위'를 잃은 언론과 기자들을 합리적인 민주시민들은 '기레기'라고 부른다. 이들 기레기들은 저널리즘이라는 아슬아슬한 담장 위를 걷다가 자신들의 기득권을 보호하기 위해 진실보다는 거짓, 공정보다는 불공정, 견제보다는 옹호, 품위보다는 저열함이라는 자기 부정의 길을 스스로 선택하고만 사람들이다.

손석희는 저서 『장면들』에서 "텔레비전은 한 사람의 생애 안에서 스러져 가고 있다. 디지털 미디어 시대의 저널리즘이 익숙하지 않을 때도 많다. 미디어의 파편화라던가, 진실의 개인화라든가, 그에 따른 확증편향 시대라던가, 그런 것에 익숙하지 못한 존재"라고 스스로를 정의한 뒤 "과거의 포스트모더니즘은 오늘날 포스트 트루스(탈진실)라는 디지털화된 명칭으로 우리가 갖고 있던 기준을 해체하는 상황으로 가고 있다"고 스스로 진단했다.

이제 매스미디어가 여론을 지배하던 시대는 서서히 저물어 가고 있다. 지금은 디지털 시대이고 이용자들은 스스로 뉴스를 선택하기도 하고 '믿고 거르기도'하는 시대이다. 여기에 적응하지 못하는 언론은 머지않아 생존 자체를 걱정해야 할 것이다. 왜냐하면, 능력 있는 젊은 기자들은 언론사를 떠나 유튜브로 향하고 있기 때문이다.

포스트트루스(탈진실) 시대 유튜브는 정보를 전파하는 엄청난 도구로서 기존의 매스미디어를 능가할 뿐만 아니라 정보를 얻으려는 사람들에게 절대적인 영향을 미치고 있다. 유튜브에 기반한 개인들은 기존의 언론에 대적하고 있을 뿐만 아니라 그냥 '내 편을 위한 미디어'로서 그 기능을 충실히 수행하고 있다. 개인 유튜버들은 자기 진영(보수와 진보)의 주장을 뒷받침하기 위한 근거를 취재하고 제시하여 변화를 주도하기도 하지만, 오염된 근거를 제시하여 사회적 문제를 유발하기도 하지만 말이다.

저널리즘의 영역에서 디지털 개인 미디어가 되었든, 아날로그 시대의 매스미디어가 되었든, 똑같은 저널리즘 원칙과 정신을 지키려 노력한다면 사회적 문제 유발은 어느 정도 줄어들지 않을까 싶다. 이를 좀 더 설명하기 위해 손석희의 에세이집『장면들』중 '어젠다 키핑(Agenda Keeping)'과 '언론의 경비견 가설모델(Guard Dog Model Hypothesis)'을 소개하고자 한다.

## 어젠다 키핑(Agenda Keeping)

손석희의 에세이집『장면들(The Scenes)』의 전체 내용의 핵심은 어젠다 키핑(Agenda Keeping)이다. 어젠다 키핑은 의제를 설정(Agenda Setting)하는 차원을 넘어 설정된 어젠다를 놓치지 않고 끈질기게 보도하는 것이 핵심이다.

어젠다 키핑의 출발은 손석희 앵커가 밝히듯이 '세월호 참사' 때부터다. 장장 3년이란 기간을 진도 팽목항과 목포를 연결해 매일 방송한 것은 방송사상 유례가 없었다. 그는 어젠다 키핑에 가장 효과적인 방법은 인터뷰나 토론이 가장 효과적이라는 판단했다고 밝혔다. 이후 이명박 후보의 아킬레스건이라고 할 수 있는 BBK사건 주역인 김경준의 누나인 '에리카 김'과의 인터뷰, 18대 대통령 후보인 박근혜의 과거사 문제(박정희의 유신과 인혁당 사건 등), 19대 민주당 대선 후보였던 문재인, 안철수와의 인터뷰 등이 가장 대표적이다.

또한 이명박 씨의 4대강 사업에 대한 보도, 박근혜 정부 탄핵의 단초가 되었던 '태블릿PC' 보도, 남북(민족) 문제의 보도에서 보여 준 자세, 특이했던 것은 JTBC에서 추진했던 평양지국 설치 문제와 김정은과의 인터뷰 추진 등의 사안은 자신이 꾸준히 추구했던 어젠다 키핑에 대한 신념과 확신 없이는 불가능한 것이었다.

그렇다면 이런 기조를 유지하게 된 보도 원칙은 무엇이었을까? 손석희는 4가지를 제시한다. '사실(fact), 공정, 균형, 품위'인데, 내가 생각하기엔 손석희를 영향력 있는 언론인 1위로 만든 것은 앞의 세 가지이기도 했지만 나는 특히 '품위'라고 생각한다. 사실 품위라는 것은 지키기도 힘들지만 자칫 잘못하면 가십성이라는 질타를 받을 가능성이 높다. 왜냐하면 품위는 각자가 처한 위치에서 달리 해석될 수 있기 때문이다. 흔히들 '품위'는 고상한 멋이나 자태라는 의미도 있지만, 각각의 지위나 위치에 따라 갖추어야 한다고 생각되는 품성과 교양의 정도라는 의미도 있다.

  이번 20대 대통령 선거에 참여하면서 언론의 역할이 무엇인가를 자주 생각하게 된다. 내가 내린 결론은 두 가지이다. 하나는 '인본주의와 민주주의를 지키고 실천하는 것'과 또 하나는 '힘 있는 사람이 두려워하고, 힘없는 사람을 두려워하는 것'이다. 이런 측면에서 보면 한국의 언론은 이와 한참 동떨어져 있다는 생각을 지울 수 없다. 그나마 여기에 어느 정도 근접하려고 노력했던 언론인 중 한 명이 손석희라고 나는 생각한다. 손석희에 대한 호불호는 각기 상이하다고 본다. 하지만 나는 호불호 중에서 '호'에 좀 더 높은 점수를 주고 싶다.

## 인상 깊었던 장면 - '언론의 경비견 가설모델'
## (Guard Dog Model Hypothesis)

  '언론의 경비견 가설모델'은 손 앵커가 수학했던 미국 미네소타 주립대의 저널리즘·매스커뮤니케이션 학과의 필립 티처너(Philip J. Tichenor) 교수가 제시한 이론이다. 이를 그대로 옮겨보면, 전통적으로 미디어학에서 미디어는 '개'에 비유되는데, 대표적인 것이 감시견(wachtdog)과 애완견(lapdog)이란다.

  감시견으로서 언론은 이른바 제4부의 역할을 맡아 입법, 사법, 행정의 3부를 감시하고 비판함으로써 시민사회에 복무한다는 것이고, 애완견 언론은 말 그대로 주인의 무릎에 앉아 귀여움을 받는 강아지처럼, 정치권력이나 경제권력 등 지배 엘리트에 충성한다는 것이다. 그렇게 함으로써 정치적·경제적 지배계급의 현상 유지를 위해 이용되는 도구라 본다.

엘리트(Elite)라는 단어는 원래 '선택받은 사람'이라는 의미이다. 자기가 선택한 것이 아니라 국민들로부터 선택받았다는 의미다. 이 해석은 매우 중요한 의미를 담고 있다. 그런데 우리나라의 소위 고시권력, 수험권력을 가진 엘리트들은 자신들 스스로의 노력에 의해 얻은 '트로피 또는 훈장'이라고 생각한다는 데 문제의 심각성이 있다. 내가 열심히 공부했고, 노력해서 합격했고, 그 결과 판검사가 됐고, 기자가 됐다고 생각한다. 하지만 사실은 사회(국가)에 의해 임무를 부여받은 것에 불과하다는 생각은 까마득히 잊고 자신들만이 엘리트인 양 행세한다. 즉 자기들의 능력에 의해 스스로 얻어 낸 권한이라 생각하기 때문에 내가 마음대로 무엇인가를 할 수 있는 '힘'이라 받아들이는 데서 문제의 심각성이 시작된다.

이제는 엘리트에 대해 새롭게 의미 해석이 이루어져야 한다고 생각한다. 정세현 전통일부장관은 "공직자의 전문성은 국민들의 세금으로 주어진 급여, 국가가 자신에게 맡겨 준 임무에 의해 얻어진 것이므로, 그 전문성은 국가를 위해 쓰여야 마땅하다"는 견해를 피력했다. 이것이 진정한 엘리트 의식이다.

애완견 언론인은 이런 왜곡된 엘리트 의식에 찌들어 있다. 그리고 자칭 보수화된 언론 지형을 만들어 왔다. 자기들 입맛에 맞는 기사만을 전송해서 사실을 왜곡한다. 이 보수화된 언론들은 보수정권하에서 애완견으로서의 역할을 충실히 함으로써 자신들의 특권을 유지하다가 이 특권이 위태로워지면 역으로 주인을 공격함으로써 자신의 특권을 영구화하려고 한다. 멀리서 찾을 필요 없이, 2021년과 2022년의 현재의 기울어진 언론 지형도가 이를 잘 입증해 준다.

요즘 인터넷을 뜨겁게 달구고 있는 '정말 외람되오나…'라는 용어를 사용한 기자가 대표적이다. 이러니 기자들을 '기레기'라 부르지 않을 수 없다. 보수정권에게는 한없는 애완견이 되고, 진보정권에는 냉혹한 경비견이 되는 언론의 현실을 생각하면 헛웃음만 나온다.

## 나가면서

2014년 9월 22일 JTBC「뉴스룸」은 '팩트체크'를 시작한다. 첫 주제가 '담뱃값 인상이 서민증세냐 부자증세냐'였다. 그 이후 '팩트체크' 열풍이 불었다. 친구와 대화하다가도 핸드폰을 꺼내면 "너 '팩트체크' 하냐"라고 우스갯소리를 하곤 했다. 그러던 '팩트체크'가 국내 언론 중에서는 최초로 2020년 1월 IFCN(International Fact-Checking Network, 미국 저널리즘 연구기관이 설립함) 인증을 받았다. 이 인증은 프랑스의 AFP, 르몽드, 미국의 워싱턴포스트에 이어 JTBC가 받은 것이다. IFCN의 심사 기준을 보면, 불편부당성과 공정성, 자금과 기관의 투명성, 방법론의 투명성, 개방적이고 정직한 정정의 네 가지에 평판조사까지 더해진다고 하니 심사의 까다로움의 정도를 짐작할 수 있다.

팩트체크는 이제 부인할 수 없는 저널리즘의 한 장르로 자리 잡았다. 역으로 얘기하면, 그만큼 언론의 생태계가 무너졌고, 가짜뉴스를 양산하는 사이비 언론이 많아졌다는 증거이며, 이를 악용하는 집단이나 개인도 많아졌음을 의미한다. 작금의 한국과 미국의 상황은 왜곡의 정점을 향해 달리고 있다. 오죽했으면 미국 프린스턴 대학교 철학과의 해리 프랭크퍼트(Harry G. Frankfurt) 교수의 『ON BULLSHIT, 빈말 혹은 개소리』이 출간되어 트럼프의 막말을 해석하는 책으로 널리 인용되겠는가?

손석희는 『장면들(The Scenes)』에서 '자신을 레거시 미디어(흔히 매스미디어라 부르며, tv, 신문 등 일방향 매체)시대의 말석에 앉아 버티다가 운 좋게 디지털 시대로 넘어온 사람'이라 표현한다. 사실 그 나이에 앵커석에 앉아 자신의 신조를 지키는 언론인들이 얼마나 있겠는가? 이름이 알려지면 더 높은 자리를 향해 발버둥 치는 세상에서 말이다. 하지만 나는 그를 이렇게 부르고자 한다. '레거시 미디어 시대의 마지막 족장이라고…. 그리고 디지털 시대에도 여전히 그의 영향력은 여전하다고….'

# 4. 흰소리

### 흰소리란

'순수함'이나 '깨끗함'을 나타내는 단어가 '흰색'이다. 하지만 '흰머리' 하면 사뭇 그 의미가 다르게 다가온다. 우연히 흰머리 한 가닥을 발견한 이후 습관적으로 머리를 쓸어올려 더 이상 새치가 없는지를 살핀다. 나는 한 달에 한 번 정도 이발을 하고 염색도 한다. 보름쯤 지나면 다시 머리를 들춰 보고선 흰머리가 얼마나 자랐는지를 확인한다. 가끔은 흰머리로 다녀 볼까!라는 생각도 해 보지만 아직은 자신이 없다. '흰머리가 되더라도 흰소리는 하지 말아라'는 얘기를 들은 적이 있다.

흰머리는 하얀 눈이 생각나기도 하지만, '흰소리'는 다소 생소하다. 이럴 땐 대백과 사전을 펼쳐보는 것이 최상책이다. '흰소리'는 떠벌리다, 거드럭거리다, '허풍을 떤다'라는 의미로 소개하고 있다. 즉, 흰소리는 '터무니없이 자랑으로 떠벌리거나 거드럭거리며 허풍을 떠는 말'이란다. 예를 들어, '그 애는 흰소리를 하며 설치기는 하는데 제대로 하는 일은 없다'와 같이 부정적인 상황을 지칭하는 경우에 사용되는 단어란다.

야당의 대통령 후보인 윤석열은 매체와 인터뷰에서 "제 아내는 구약성서를 전부 외운다", "제 장모는 남에게 피해를 끼친 적이 전혀 없고 심지어 남에게 돈을 한 푼도 받지 않았다"라는 주장했다. 이럴 때는 '떠벌린다'는 의미의 '흰소리'라는 속어가 적당한 경우라 하겠다. 그리고 잘난 체하거나 버릇없이 구는 말이나 행동에 대해서는 '거드럭거리다' 혹은 '거들먹거린다'라고 말한다.

흰소리와 같은 의미로 사용하는 허풍은, 있지도 않은 것을 있는 것처럼 하는 말과 행동을 나타내기도 한다. '허풍'을 잘 치는 사람을 일러 고상하게 '흰소리 그만해'라고 말하기도 한다. 흰색은 긍정적 의미로 사용된다면, 흰소리는 부정적인 의미로 사용된다. 특히 국민의 힘 대통령 후보인 윤석열의 말과 행동에 대해 '오만하다' '무능하다' '혐오스럽다'라는 용어보다는 흰소리라는 단어를 사용하고 보니, 오염된 세상에서 두 달여를 치열하게 보내고 F 학점을 받아 든 내 마음을 조금이나마 위로해 준다. 그리고 내가 한국에서 태어나 한국어를 사용하고 있다는 사실에 대해 또한 감사함을 느낀다. 오히려 고상하다는 느낌마저 든다. 우리말의 다양한 용법에 새삼 놀라움을 금치 못하겠다.

누구든 판단(의사결정)을 할 때는 '익숙한 판단'과 '숙달된 판단'에 근거한다. 익숙한 것에 근거해서 판단하면 '허풍선'이 되기 쉽다. 익숙함에 치중하면 가끔 양극단을 오고 가거나 아니면 '중도'라는 지대에 머물 수밖에 없다. 중도란 옳고 그름도 없는 회색지대나 줏대 없음을 지칭하기도 한다. 『전쟁론』을 썼던 클라우제비츠는 '옳고 그름도 없는 중도는 결국 아무런 가치도 가지지 못한다'라고 질타했지만 말이다.

### 익숙한 판단으로서 '졌잘싸'

'익숙한 판단'은 자신의 천부적 재능이나 '경험칙(관찰과 경험을 통해 얻은 법칙)'에 의해 이루어진다. 하지만 천부적 재능이란, 다수의 사람들이 인정해야 하는데, 이 인정이라는 것도 자신이 쌓은 업적이나 능력의 탁월한 정도에 따라 판단되므로, 이 역시 경험칙의 작동이라 하지 않을 수 없다. 익숙한 판단은 단순한 행동(전진이야 후퇴냐)만을 위한 판단이며, 판단 대상에 대해 아무런 회의(懷疑)나 이론적 근거를 가지지 못할 뿐만 아니라 내적 진보는 더더군다나 이룰 수 없다.

'졌잘싸'는 이번 선거에서 패한 민주당에서 흘러나온 말이다(참고로 나는 민주당에 가입하지 않은 상태로 대선에 참여했다). '졌지만 잘 싸웠다'의 준말이다. 무엇을 잘 싸웠다는 말인가! 승부가 결정 난 이후 하루 이틀까지는 '저희들이 부족했습니다', '반성합니다'라는 형식의 메시지가 넘쳐 나더니 이젠 패배의 책임을 곧 물러날 대통령에게 돌리기도 한다. 물론 대통령과 정부의 각료들도 상당 부분 책임이 있긴 하지만, 정작 책임을 지고 대오각성해야 할 대상은 상당수의 민주당 '국회의원'들이다.

이들은 전쟁에서 패했는데, 자리를 두고 다툼을 하고 있는 꼬락서니를 보자니, 이들에게 무슨 각성과 반성을 기대하겠는가. 이번 선거에서 뒷짐 지고 있었던 국회의원들을 다음 공천에서 철저히 배제한다면 반드시 민주당은 승리할 것이다. 이유는 간단하다. 윤석열이 취임하고 나면 6개월 이내에 그의 본질이 분명하게 드러날 것이고, 그 이후 치러지는 총선 결과야 무슨 예언이 필요하겠는가. 하지만 현재의 상태가 지속된다면 총선이고 뭐고 대한민국의 미래는 없을 것이다. 이것도 흰소리로 치부할 것인가?

### '소통', '흰소리'가 되지 않으려면…

요즘 대통령 집무실을 용산 국방부 청사로 옮기는 문제로 연일 여야 간에 날선 비판과 반박이 오가고 있다. 국민에게 좀 더 가까이 다가가기 위해 폐쇄적인 현재의 청와대를 벗어나 용산으로 옮기겠다는 윤석열 당선자 측과 이제 야당이 된 민주당과의 설전이다.

'소통'이란, 트여서(疏) 서로 통함(通)이다. 즉 '사물이 막힘이 없이 잘 통함', '서로 잘 통한다'는 의미이다. 기본적으로 소통은 언어(말)를 통해 이루어진다. 이것이 기본이다. 그런데 작금의 상황은 정반대이다. 내가 결정했으니 그 방향으로 나아가는 것이 소통이라 생각하는 작태가 한심스럽기 그지없다.

청와대는 이승만이 집무를 시작한 이래 74년이란 역사를 가지고 있는 곳이다. 청와대가 제왕적 대통령(나는 이전 글에서 우리나라의 경우 제왕적 대통령이 될 수 없다고 썼다.)의 본산이라거나 폐쇄적이라는 주장이 자주 보인다. 홍준표 의원도 밝혔듯이 '청와대가 문제가 아니라 사람이 문제다', 이재오 국힘당 고문은 '청와대 이전은 결국 무속의 영향이라고 볼 수밖에 없게 됐다'라고 밝혔다.

청와대가 국정 최고의 컨트롤타워라면, 국방부는 안보 컨트롤타워이다. 과연 이 국방부가 50일 이내에 이전이 가능한 것인지 의문스럽다. 윤 당선인은 "용산 국방부와 합동참모본부(합참) 구역은 국가안보 지휘시설들이 잘 구비되어 있고, 청와대를 시민들에게 완벽하게 돌려드릴 수 있을 뿐만 아니라 경호 조치에 수반되는 시민의 불편도 거의 없다"고 이전 이유를 설명했다. 윤 당선자는 "청와대는 제왕적 권력의 상징으로 절대 들어가지 않는다"라고 밝혔다. 위에서도 언급했지만 건물이 문제가 아니라 사람이 문제라는 점을 다시 한번 생각해 보길 바란다. 제왕적이라면 윤석열 당선자도 결코 뒤질 수 없다. 손바닥에 왕(王)자를 쓰고 나왔는데 그 변명(혹은 흰소리)하는 모양새가 제법이다.

### '수주대토(守株待兎)'에서 벗어나자

우리나라에서는 대통령 출마 자격(피선거권)만 있다면 누구나 출마할 수 있다. 그렇다고 누구나 대통령이 될 수는 없다. 러시아와 전쟁 중인 우크라이나 대통령 볼로디미르 젤렌스키와 우리나라 윤석열 당선자 두 사람을 비교해 보자. 두 사람은 행정 경험과 국회의원의 경험이 없다는 점, 그리고 현직에서 곧바로 대통령에 출마해 당선되었다는 점, 명확한 통치 철학이 보이지 않는다는 점 또한 공통점이다.

우크라이나와 러시아와의 전쟁이 우리에게 시사해 주는 점은 정치적 외교적 미숙함이 국가와 국민은 물론이고, 땅덩어리도 절반으로 쪼개질 위험에 빠뜨렸다는 점이다. 나라의 주인은 국민이고 대통령은 국민의 안전과 평화를 보장해 주는 도구라는 인식의 부족함이 우크라이나를 지옥의 구렁텅이로 몰고 갔다. 만약 젤렌스키가 나토에의 가입을 연기하겠다고 러시아에 통보만 했더라도 전쟁은 막을 수 있었다. 푸틴은 그것을 원했으니까…. 그리고 전쟁에서 국가원수는 군인들과 함께 총을 들고 사진을 찍을 것이 아니라 군 통수권자로서 전쟁 승리를 위한 전략을 수립해야 한다. 즉 익숙한 판단이 아닌 숙달된 판단에 따라 정책적이고 전략적인 결정을 해야 한다는 의미이다.

　윤석열 당선자의 용산으로 이전 결정 역시 검사로서 자신이 해 왔던 것처럼, 숙달된 판단이 아닌 익숙한 판단에 근거해 이루어진 결정이라 본다. 윤석열과 그 측근들의 눈에 비친 청와대는 '제왕적 권력의 상징'으로 각인된 것이다. 이 각인에서 벗어나는 유일한 방법은 용산으로 옮기는 것 외에 달리 방법이 없었을 것이다. 혹여 무속에서 말하는 무덤 자리는 길지라는 통설에 따라 옮기는 것은 아닌지 의심하지 않을 수 없다.

　〈한비자(韓非子)〉에 '수주대토(守株待兔)'라는 말이 나온다. "토끼가 나무 그루터기에 부딪혀 죽는 것을 본 농부가 그 후 또 따른 토끼가 죽기를 기다린다"는 사자성어이다. 우연히 행운만을 바란다는 뜻도 있지만, 과거의 경험으로부터 벗어나지 못하는 사람에 대한 풍자의 의미도 담고 있다. 윤석열 당선자가 집무실을 용산으로 이전하기로 한 결정은 '수주대토(守株待兔)'했다는 비판을 면키 어려울 것이다.


### 흰소리에서 벗어나자

　가끔 일이 잘 풀리지 않을 때 이런 말을 한다. '되는 일도 없고, 안 되는 일도 없다.'라고. 우리 대한민국 국민들은 '위대'한 사람들이다. 김대중 정부 때 '금 모으기 운동', 현 정부의 '코로나 위기' 대처에서 보여준 국민들의 국가에 대한 '신뢰', 희생정신, 협동정신, 인내심 등은 감히 다른 민족들이 보여 줄 수 없는 정신적·심리적·사회적 연대의 소중한 경험들이었다.

국가가 추구하는 정책의 성공 여부는 국민들의 '신뢰'가 없이는 불가능하다. 신뢰를 얻는 방법은 허물없는 '소통'이다. 인간은 감정에 따라 행동하기도 하지만 '이성'이 가끔 작동하여 합리적 판단을 하기도 한다. 합리적 판단은 곧 숙달된 판단이라 할 수 있다. 국가는 물론이고 윤석열 당선자 역시 국민들과 국회의원들이 합리적 판단을 할 수 있는 토대를 마련해야 한다. 그리고 국민들의 믿음을 얻어야 한다.

오늘 아침 기사를 보니, 윤 당선인이 국정 수행을 "잘할 것" 49.2%, "잘하지 못할 것" 45.6%로 3월 2주차 조사의 52.6%에서 3.5%가 하락했다. "잘하지 못할 것"이라는 응답은 41.2%에서 4.4% 오른 45.6%이다. 윤 당선자와 문 대통령의 희비 쌍곡선이 교차하고 있다. 윤 당선인이 잘하지 못할 것이라는 응답이 높으면 문 대통령의 국정 수행 지지율이 올라가고, 반대이면 문 대통령의 국정 수행 지지율이 내려간다. 두 사람은 머지않아 전직과 현직으로 운명이 뒤바뀔 것이지만, 당선자의 국정 수행 지지율에 대한 국민들의 지지도가 50%도 넘지 못하는 현실을 냉정하게 직시하길 바란다.

# 5. 신뢰(信賴)

### 신뢰가 뭐길래

신뢰(信賴)의 사전적 의미는 '굳게 믿고 의지함'이다. 신뢰의 반대어는 불신(不信)인데, 불신은 믿지 않음, 믿을 수 없음을 의미한다. 오늘 신뢰를 논하는 것은 오롯이 지도자의 자질을 논하기 위함이다.

지도자가 국민들에게 신뢰를 얻는 방법은 언행일치(言行一致)다. 언행일치의 표본으로 여겨지는 간디(Mahatma Gandhi)의 일화를 소개하고자 한다.

어느 날 한 여인이 어린 아들을 데리고 간디가 있는 명상센터인 아쉬람(ashram, 힌두교도들이 수행하며 거주하는 곳)을 찾아왔다. 여인 왈 "이 아이는 설탕이 몸에 좋지 않다고 말을 해도 계속 먹는답니다." 당신은 우리의 영웅이므로 당신 말은 들을 겁니다. '제발 부탁인데 아이에게 설탕을 먹지 말라고 얘기해 주세요.'

간디는 무슨 말을 했을까? 간디는 곰곰이 생각한 끝에 아이 어머니에게 보름 뒤에 다시 오라고 했다. 보름 후 그 여인이 아이와 함께 다시 찾아오자 간디는 그 아이의 머리를 쓰다듬으면서 타이르기를 '설탕이 몸에 좋지 않으니 그만 먹어라'고 말했다. 간디의 말을 들은 그 아이는 '설탕을 끊겠다'고 약속했으니 그 엄마는 간디가 얼마나 고마웠겠는가. 이때 그 아이의 어머니는 '이렇게 쉬운 방법이 있었는데 왜 그때는 아무 말이 없다가 왜 보름 뒤에 오라고 하신 거죠?'라고 질문하자, 간디 왈 "나 자신도 실은 설탕을 좋아했는데 당신 아들을 도와주려면 나 자신부터 나쁜 습관을 고친 후에야 도울 수 있었기 때문에 내가 먼저 설탕을 끊는 기간을 보름으로 잡은 것입니다"라고 대답하였다.

간디처럼 '행(行)'과 '언(言)'의 일치야말로 윤석열에게 필요한 제1의 덕목이 아닐까 생각해 본다. 요즘 윤석열 당선자가 후보 시절과 당선 이후, '말'과 '행동'의 불일치가 많은 뒷얘기를 남기고 있는 것을 보면 대통령이나 그 꿈을 꾸는 사람들, 그리고 국회의원들의 말 바꾸기는 한두 번이 아닐진대, 두고두고 자신에게 족쇄가 된다는 점을 알았으면 한다.

### '약속'보다 더 중요한 것

약속보다 더 중요한 것은 자기가 뱉은 말을 지키는 것이다. 즉 일구이언(一口二言)하지 않는 것이다. 간디 역시 일구이언으로 비판을 받기도 했다. 사연인즉 이러하다.

> "간디의 아내인 카스트루바이가 폐에 염증이 생겨 호흡기 질환으로 고통을 받았다. 이때 영국인 의사는 항생제를 주사하면 치유가 가능하다고 설득했지만, 간디는 영국인 의사의 진료를 믿을 수가 없다며 거절하였다. 아내가 죽고 며칠 뒤 그는 학질을 앓게 되었다. 그런데 간디는 영국인 의사에게 진료를 부탁했다."

'약속' 특히 한 국가의 대통령이 전 국민은 물론 동맹국에 한 약속을 지키지 않고 어긴다면 그 결과는 어떻게 되겠는가. 아마도 그 국가는 물론이고 동맹들은 실망감은 물론이고 만약 힘이 대등하다면 그 국가와의 '결투(전쟁)'를 선포하지 않을까. 하지만 만약 그 상대가 세계 최강의 경찰국가라면 상황은 전혀 다를 것이다.

1968년, 베트남 전쟁이 한창일 때 대통령 선거에서 승리한 닉슨은 괌에서 '닉슨독트린'을 발표했다. 그 독트린의 핵심은 "약소우방국이 자주국방태세를 갖추도록 경제 군사원조를 제공하는 대신 해외주둔 미군을 감축한다"는 것이 핵심이었다. 닉슨독트린이 동아시아 국가들에게 던지는 메시지는 명확했다. 아시아인의 문제는 아시아인들 스스로 책임져야 한다는 것이었다. 즉 공산주의로부터 스스로를 지키고자 하는 의지가 없는 국가는 더 이상 도와주지 않겠다는 직접적인 협박이기도 했다.

한국이 베트남 전쟁에 참전했던 진짜 이유는 주한미군을 철수하지 않겠다는 존슨 대통령의 약속이었다. 이후에는 전쟁특수가 나중에 참전의 주된 이유로 변질되었지만 말이다. 닉슨 독트린에 의해 베트남 주둔 미군은 철수하게 된다. 이때 내세웠던 명분이 '베트남화'이다. 베트남화란, '미군이 하고 있었던 역할을 베트남 사람들이 직접 담당하게 한다는 것'이다. 마치 이것은 1947년 미국이 주한미군 철수를 준비하면서 내놓았던 '한국화(Koreanization)'와 같은 맥락이다.

닉슨은 대통령 선거에 출마할 때 미군의 '명예로운 철수'를 주장했었다. 이 공약을 성실히 이행하려고 했다면 베트남의 인접국에 대한 공격은 삼가야 했다. 하지만 닉슨은 닉슨독트린을 발표하기 이전인 1963년 3월 비밀리에 북베트남과 캄보디아를, 1969년 7월 라오스 공격을 시작했다. 명분은 '호찌민 루트'를 봉쇄한다는 것이었다. 하지만 이들 군사 공격은 소득도 없었지만, 미국의 국민들은 물론 인접 국가들에게 미국의 신뢰를 저버리게 하는 군사 공격이었다. 결국 1973년 평화협정이 맺어졌다. 그리고 모든 외국 군대는 베트남에서 철수했다.

우리나라는 어떠했는가? 베트남 전쟁에 미군 다음으로 많은 전투부대를 파견했다. 자국의 안보를 스스로 지키지 못해 미군에게 안보를 의존했던 나라가 자유 우방을 지원한다는 명분을 내세워 최대 5만여 명이 넘는 자국 군대를 파견했다. 그 기간에 한국은 안보 위기를 경험한다. 대표적 사건이 청와대 침투사건, 북한의 푸에블로호 납치 사건, 예비군 설치, 주민등록 제도의 실시, 학교에서의 군사훈련 실시를 위한 학도호국단의 설치 등이 대표적이다.

닉슨독트린은 아시아 일부 국가들의 경우, 재앙으로 이어졌다. 1971년 11월 타이에서는 친위 군부 쿠데타가 발생해 성공했고, 1972년 9월 필리핀에서 계엄령이 선포되어 헌법 정지, 의회해산, 언론 활동 정지등이 연달아 일어났다. 한국은 1972년 유신이 선포됐다. 이들 세 나라가 닉슨독트린에 대응한 방식은 독재체제 수립과 사회통제의 강화였다.

### 인권과 평화 그리고 자유

나는 민주주의의 신봉자이다. 대한민국에서 민주주의가 확고하게 뿌리내리기 위해서는 먼저 '투명성', 둘째는 '공정성'이라 생각해 왔고 지금도 그렇게 굳게 믿고 있다. 하지만 이번 대선에서도 경험했듯이 투명성과 공정성이라는 두 가치를 윤석열 정부에게 기대한다는 것은 헛소리에 비유할 수 있을 것이다. 윤석열은 머지않아 전두환의 길을 걸을 가능성이 매우 농후하다. 전두환이 가장 존경했다는 박정희는 1975년 긴급 담화에서 "부질없이 앉아서 갑론을박만 하고 시간을 허송하고 있다. 정부, 군, 국민의 3자가 혼연일체가 되어 힘을 하나로 뭉쳐 총력으로 대결"해야 한다고 선언했다. 윤석열도 박정희 혹은 전두환과 똑같은 생각을 하는 것 같다. 하지만 시대는 변했다. 나는 결코 여기에 동의할 수 없다. 국가란, 국민이 지키고 싶은 정부가 되어야 한다. 그것이 곧 '안보'다. 별것 없다. 이것이 민주주의다. 원래 민주주의란 시끄러워야 한다. 그래야 그 결과에 대한 믿음 혹은 신뢰가 생긴다.

역사란 지나온 일들의 기록이다. 그리고 "모든 역사는 현대사"라고 말했던 이탈리아 철학자 크로체를 나는 아직도 여전히 신뢰한다. 그렇다고 지나온 사건들 모두가 역사가 되는 것은 아니다. 수많은 사건들 중에서 역사적으로 의미가 있는 것들만 역사가 된다. 역사적으로 의미 있는 사건은 시대와 상황에 따라 변하기 마련이다. 즉 시대적 상황이 요구하는 바가 의미 있을 때 이것이 '역사관'이 되고 '가치관'이 된다. 이러한 역사관과 가치관만이 그 시대를 표상하는 상징이 된다. 일례로 조선시대의 유학자들은 단군조선이 아닌 기자조선을 강조했다. 하지만 지금 이 시대에는 기자조선을 언급하지 않는다. 조선시대와 21세기의 시대정신이 다른 것이다.

그렇다면 역사와 기억의 차이는 무엇인가? 역사는 객관성이 뒷받침되었을 때 타당성을 인정받는다. 역사를 주관적으로 기술하거나 왜곡한다면 그것은 역사가 아닌 야사(野史)일 뿐이다. 또한 의미 있는 것을 선택하는 과정에서는 역사학자의 주관성이 개입되지만 선택한 이후에는 객관성이 담보되어야 한다. 이에 반해 기억은 처음부터 끝까지 주관적이다. 객관적이냐, 주관적이냐 와는 별개로 역사는 한 개인이나 사회는 집단적으로 특정한 기억을 갖게 된다.

역사도 기억도 그래서 두려워해야 한다. 간혹 역사가 사회를 움직인다고 굳게 믿고 행동하는 경우도 있지만, 나는 반대로 역사가 아닌 기억이 사회를 움직인다고 믿는다. 다시 말하면 '기억이 곧 역사'라는 의미이다. 따라서 사람들은 선택적으로 역사를 기억한다. 그 결과 1980년의 광주민주화운동도, 1987년의 민주화 운동도 사람들은 선택적 기억에 의해 해석한다. 따라서 사회를 움직이는 것이 역사라고 믿는다면 그것은 기억의 특수한 한 형태일 뿐이다.

대한민국 정부수립 이후 현재까지 면면히 이어져 온 시대정신을 나는 인권과 평화 그리고 자유라 본다. 그리고 이 세 가지 시대정신에 의해 과거도 현재도 미래도 해석되어야 한다고 굳게 믿는다. 만약 세 가지의 시대정신과 충돌하는 가치가 있다면 과감히 배척되어야 한다고 굳게 믿는다.

그런 측면에서 정치라는 것도 '먹고사는 문제의 해결과 일상의 행복을 추구'하는 생활 정치가 되어야 한다. 정치를 직업으로 생각하는 직업정치는 더 이상 한국에서 정치의 지배적 담론이 되어서는 안 된다는 것이 나의 신념이다.

## 디스토피아(dystopia)는 극복되어야 한다

디스토피아란, 억압과 통제로 인해 모든 사람이 불행해지는 세상을 일컫는다. 그 반대는 유토피아다. 유토피아는 안정된 질서를 바탕으로 모든 사람이 행복하다고 느끼는 세상이다. 이와 반대되는 단어이니 디스토피아를 '역 유토피아(Anti-Utopia)'라고도 부른다.

디스토피아는 주로 소설, 영화 등의 작품에서 미래를 상상하는 공상적 상황을 배경으로 하는 경우가 많다. 이 디스토피아를 표방하는 작품들은 주로 전체주의, 불평등한 사회계급, 환경파괴로 인한 재앙, 비인간화 등 현대 사회가 직면하고 있는 부정적인 측면들을 극대화시켜 현실 세계를 냉철하고 날카롭게 비판한다. 즉, 대부분의 사람들이 불행해질 미래를 상정하여 현실의 문제를 드러내는 방식이다.

내가 지적하고자 하는 것은 '과거로의 회귀'이다. 대표적인 것이 윤석열 당선자의 사법개혁 공약 중 '법무부 장관의 수사지휘권 폐지', '검찰의 예산편성권 부여', '검찰의 직접 수사 확대' 등이다. 이를 반대한 현 법무부 장관에 대한 격앙된 반응이 인수위에서 나왔다. 법무부 장관의 반대를 인수위 측에서는 주관적으로 해석해서 검찰에 대한 국민의 신뢰를 회복하고 검찰의 독립성과 정치적 중립성을 강화하는 것과 배치된다고 바라보는 것 같다. 당선자 측이 뭐라 설명하든 이들 세 가지는 국민들의 바람과 배치된다. 지금까지 검찰은 우리 사회 기득권층의 최상위 포식자로서의 위치를 굳건히 다졌는데, 만약 검찰이 직접 수사를 확대한다면 우리나라는 검찰이 지배하는 전체주의 사회로 진화할 수밖에 없고, 조지 오웰의 『1984』에 등장하는 빅 브라더의 재림일 뿐이다. 전체주의 사회로의 이행을 반드시 막아야 한다. 그 막중한 책임은 국회에 있다. 국민들 역시 한마음으로 이를 막는 데 앞장서야 하는데 그렇게 될지는 미지수다.

또 한편으론, 2030세대에서 '토사구팽(兎死狗烹)'이란 단어가 떠돈단다. 토사구팽이란, "토끼가 죽으면 토끼를 잡던 사냥개도 필요 없게 되어 주인이 삶아 먹는다는 뜻으로, 필요할 때는 쓰고 필요 없을 때는 버리는 경우를 이르는 말"이다. 특히 윤석열 당선자가 내건 '용산 시대' 구상에 대해 청와대와 정치권, 당선자 측이 과도하게 집중하는 모습에 대한 2030세대의 반발이며, 대선 과정에서 청년 관련 공약을 연이어 내놓은 당선인이 당선 후엔 청년정책을 신경 쓰지 않는 것 아니냐는 우려에서 비롯된 것이다. 지금 대한민국이 산적해 있는 문제 즉, 민생문제와 일자리 문제 등의 해결을 위해 온 정신을 집중하면 유토피아 세상은 아닐지라도 디스토피아 세상만은 면할 수 있다는 위기의식에서 '토사구팽'이란 사자성어가 등장했으리라 생각해 본다.

## 신뢰 회복에 집중해야 한다

'신뢰' 즉 '믿음'은 말로 한다고 해서 실현되는 것이 아니다. 중요한 것은 '실천'이다. 이미 대한민국은 '생활 정치' 시대에 돌입했다. 어제 지방의회 선거에 예비후보로 출마한 사람과 통화를 했다. 그는 도대체 사람들을 만날 수 없다고 푸념했다. 그 이유를 물어보니 '코로나'라는 변수에다가 이번 대통령 선거를 거치면서 지역민들의 정치에 대한 불신이 극대화되었다는 것이다. 이것이 현장에서 느끼는 정치 지망생의 현실이다.

신뢰를 회복하는 것은 자신의 공약을 성실히 이행하는 과정을 통해서만 가능하다. 물론 윤 당선인이 '청와대를 국민에게 돌려 드리겠다'는 발언은 도저히 공감할 수 없다. 왜냐하면 청와대는 단순히 대통령 집무실이기 이전에 국가안보의 첨병 역할을 하는 곳이다. 설령 국민들에게 돌려주는 것이 1~2년 늦는다고 해서 '약속 불이행'이라 질타하지는 않을 것이다. 문재인 대통령 역시 후보 시절 '광화문 시대'를 주창했지만, 왜 광화문으로 옮기지 않았느냐는 비난은 이내 곧 수그러들었다. 그러니 시간을 두고 차근차근 '국가안보'를 생각하면서 이전 준비를 해도 늦지 않다는 것이 내 생각이고 식자들의 판단이기도 하다.

지금 대한민국이 '위기 상황'이라는 것은 국민 모두 동의할 것이다. 해결해야 할 문제도 산적해 있다. 산불로 인해 터전을 잃은 사람들에게 당장 의식주 문제를 해결해 주어야 하고, 코로나로 인해 피해를 본 자영업자들에 대한 지원도 해야 하고, 청년들의 일자리 문제 역시 매우 시급하다. 연일 북한은 미사일을 발사하여 한반도 위기가 재연되는 것 아닌가 하는 우려의 문제도 해결해야 한다. 현 상황이 신구권력간 불통으로 인한 투쟁 양상이 아닌 화합의 시대를 만드는 일등 공신은 당연히 윤석열이 되어야 한다.

윤석열 당선자는 이런 산적한 문제 중에서 무엇이 최우선순위인가를 생각해 봐야 한다. 청와대 이전만이 이런 산적한 문제를 오롯이 해결해 줄 수는 없다. 현재 살아있는 대통령 중에서 곧 퇴임할 문재인 대통령만이 전직 대통령 예우를 받게 된다.

오늘 아침 인터넷 뉴스에 '공수처, ╫ 당선인 검찰총장 직권 남용 의혹 2건 추가입건'이라는 기사 제목을 클릭해 읽어 보았다. 대한민국 역사에서 '역대 대통령들은 직접 혹은 간접적으로 퇴임 이후 불행한 일을 겪었다는 내용'이 핵심이다. 지금의 문 대통령이라고 예외일 것 같지는 않다. 결과도 물론 중요하다. 하지만 과정 역시 그에 못지않게 매우 중요하다. 이 점을 당선자는 되도록 빨리 깨우치기를 바랄 뿐이다.

# 6. 신언서판(身言書判)

### 신언서판이란

　신언서판(身言書判)은 풍채(身)와 언변(言)과 문장력(書) 그리고 판단력(判)인데, 이는 선비가 지녀야 할 네 가지 미덕을 말한다. 신언서판은 원래 당(唐)나라 때 관리를 선발하던 기준으로《신당서(新唐書)》에 언급되어 있다.

　《신당서(新唐書)〈선거지(選擧志)〉》편을 보면 "무릇 사람을 가리는 방법은 네 가지가 있다. 첫째는 신(身)이니, 풍채가 건장한 것을 말한다. 둘째는 언(言)이니, 언사가 분명하고 바른 것을 말한다. 셋째는 서(書)이니, 필치가 힘이 있고 아름다운 것을 말한다. 넷째는 판(判)이니, 글의 이치가 뛰어난 것을 말한다. 이 네 가지를 다 갖추고 있으면 뽑을 만하다.(凡擇人之法有四. 一曰身, 言體貌豊偉. 二曰言, 言言辭辯正. 三曰書, 言楷法遒美, 四曰判, 言文理優長. 四事皆可取.)"

### 신언서판의 중요성 - 현대에도 적용 가능하다

　고대 그리스 · 로마는 물론이고 우리나라 고(古) 시대부터 현대의 첨단 문명 시대까지도, (여자를 볼 때는 미모를 보고) 남자를 판단할 때, 자명하게 받아들여졌던 사자성어가 바로 '신언서판(身言書判)'이다. 2022년 현재에도 '신언서판'은 인간관계는 물론이고 사회적 관계에서도 중요한 조건 중 하나로 여전히 유효하다. 다만 아쉬운 점은 '신(身)'의 본뜻과는 상관없이 외모 즉 '생김새'에 치중한 느낌도 있다. 우리의 논의 주제를 명확히 하기 위해 '신언서판'을 다시 설명하면 신수, 말씨, 문필, 판단력을 의미한다.

신언서판은 당나라에서 특히 공직을 맡을 사람이 갖추어야 할 조건으로 매우 중시되었다. 즉 '외모가 반듯해야 하고, 바른말을 해야 하며, 문장에도 능해야 하고, 물리(物理, 사물의 이치)에 익숙해 사리를 제대로 판단할 수 있어야 한다'는 조건의 충족을 요구했다. 작금(昨今)의 대한민국을 보노라면 감히 이런 사자성어를 논한다는 것 자체가 어불성설일지도 모르겠다. 하지만 우리 대한민국에서도 이런 공직자상을 그려 보는 것이 가능하지 않겠는가? 이제 '신언서판(身言書判)'의 네 글자를 하나씩 분석해 보자.

먼저, 신(身)은 '사람의 풍채와 용모'를 의미한다. '신(身)'은 흔히 '첫인상'과 같은 성격을 갖는다. 인간관계에서 가장 첫 번째로 중시했던 덕목이다. 오죽했으면 신입사원을 선발할 때 사주 관상을 보는 관상쟁이가 등장했겠는가? 사회적 지위의 고하(高下)와 관계없이 첫눈에 풍채와 외모가 그에 미치지 못하면 제대로 된 평가를 받지 못하는 것이 현실이기도 하다. 아무리 능력주의를 외친다 해도 그 본질에는 '외모'가 자리 잡고 있음을 부인할 수 없다.

지도자는 훌륭한 인품도 갖추어야 하겠지만 그 개인의 경력은 물론 전문성, 업무 추진 능력도 당연히 따져 보아야 한다. 과거에 그 사람의 행적은 좋은 판단 기준이 될 것이다. 특정 개인의 행적 속에는 그 개인의 삶이 녹아 있다. 풍채가 아무리 훌륭하다 해도 위선자라면, 배신자라면 배은망덕(背恩忘德) 그 자체일 뿐이다.

둘째는 '언(言)'이다. 언(言)이란, 사람의 언변을 이른다. 이것은 정언(正言)의 중요함을 이르는 말이기도 하다. 정언이란, 어떤 명제나 주장, 판단을 가정이나 조건을 붙이지 않고 단정하여 말하는 것이다. 이것이 필요한 이유는 아무리 학식이 풍부하여 그 말에 뜻이 깊고 아는 것이 많다고 하더라도 말에 조리가 없고, 말이 분명하지 못했을 경우 제대로 된 평가를 받기 어렵기 때문이다. 하지만 말에 조리가 있고 분명한 뜻을 담고 있다고 하더라도 '옳고 그름을 가려 바로잡는 변정(辯正)'이 없다면 이 또한 사뭇 사람들을 현혹하는 언사에 불과하다.

공직자 선출이 시험 (객관식이든, 논술형이든 상관없이)으로 일반화되어 있는 시대에는 후보자 자질을 제대로 파악할 수는 없다. 시험 외에 공직 후보자의 자질을 파악하는 방법으로 요즘 강조되는 것이 '연설, 토론, 대담' 등인데, 이 기법은 매우 유효할 뿐만 아니라 자신을 효과적으로 알리는 수단이기도 하다. 또한 토론 등을 통해 공약의 이행률이나 가능성, 실천력을 냉정하게 판단할 수 있다. 만약 비현실적 공약을 제시하거나 '막말', '저급한 언행'을 일삼는 후보자를 걸러낼 수도 있다.

세 번째는 '서(書)'이다. '서'는 단순히 '글씨를 쓰다'라거나, '글씨' 또는 '기록하다'의 의미보다는 '준미(遵美)'에 더 가깝게 해석해야 할 것이다. 지금과는 다르게 조선시대까지만 하더라도 '필적'이 차지하는 비중은 매우 컸다. 필적 즉 글씨체는 그 사람의 됨됨이를 말해 준다고 보았고, 글씨에 능하지 못한 사람은 그만큼 제대로 된 평가를 받지 못했던 것도 사실이다.

4차 산업 혁명 시대는 붓으로 글씨를 써서 의미를 전달하는 시대는 아니다. 이미 컴퓨터에 기반한 인공지능 로봇의 대중화를 앞두고 있다. 이런 시대에는 무엇보다 컴퓨터 활용 능력과 함께 문장력까지를 포함한 IT 활용 능력이 요구된다. 또한 사회관계망서비스(SNS)만 보더라도 특정인의 지식의 많고 적음은 물론이고 인성과 함께 문장력도 판단할 수 있다. 핵심을 정확하게 판단하고 이를 이해하기 쉽게 전달할 수 있는 능력 또한 요구되는 시대이다.

네 번째는 판(判)이다. '판(判)'은 사물의 이치를 깨달아 아는 판단력이면서 동시에 문리(文理), 즉 글 속에 담긴 뜻을 깨달아 아는 힘이다. 만약 이러한 능력이 없다면 리더로서의 역할을 제대로 수행할 수 없을 뿐만 아니라 잘못된 의사결정을 할 가능성 또한 매우 높다. 이로 인한 피해는 고스란히 지역민이나 국민들에게 전가된다.

지도자는 인사, 예산, 사업 등에 대한 올바른 판단력을 갖추어야 한다. 인사는 능력에 따라 적재적소에 배치하여 성과를 달성하게 함은 물론이고 예산의 낭비를 막아야 한다. 또한 지역 특성에 맞는 산업을 집중적으로 육성해야 한다. 더 나아가 4차 산업사회가 요구하는 것을 정확히 판단할 능력이 있어야만 미래 먹거리 산업을 육성할 수 있으며, 지역 균형발전을 이룩해 내는 일 등등이 모두 판단력의 영역이다. 판단력을 갖추었을 때 리더는 스스로 청렴해질 수 있고 국민통합을 이루어 낼 수 있다. 제아무리 체모(體貌)가 뛰어나고 말을 잘하고, 글씨에 능해도 사물의 이치를 제대로 깨달아 아는 능력이 없으면 그 인물됨은 출중할 수 없다. 그래서 문리를 정확하게 하여 깨달아 실천할 수 있는 판단력이 요구되는 것이다.

공직 후보자의 판단력은 평소의 행동을 보면 잘 드러난다. 스스로 결정하지 못하고 좌고우면하는 자, 비슷한 사안에 대해 이중잣대로 재단하는 자, 일시적 감정으로 중대사를 그르치는 자, 비과학적 방법(주술적 방법)에 의존하여 의사결정을 하는 자라면 반드시 걸러 내야 한다. 하지만 이번 대선에서는 이런 후보자를 차기 대통령으로 선출했다. 대한민국에서 앞으로 5년은 전진이 아닌 후퇴의 길을 걸을 것이 불 보듯 뻔하다.

## 나가면서

이번 대선에서 당선자가 보여 준 행동들은 '신언서판'이라 하기엔 민망하기 그지없다. 그래서 그럴까. 이번 장관 후보자들을 보면 국민의 삶의 질을 걱정(우민, 憂民)하기보다는 백성을 어리석은 존재(우민, 愚民)로 여기고 '내가 주장하면 사실이야!', '나만 믿고 따라와!' 등 염치도 자격도 없는 사람이 꽤 보인다. 이는 곧 민주주의가 지향하는 이상향보다는 정치를 형식화, 왜곡화시켜 정치적 무관심층을 양산할 뿐이다. 더 나아가 객관적이고 공정한 의사결정보다는 비과학적인 방법에 의존한 의사결정을 행할 가능성 또한 높아 보인다. 모골이 송연해진다. 현명한 시민들의 올바른 판단력이 절실하고 매우 엄중하게 지켜볼 필요가 있다고 본다.

# 7. 시지포스 신화와 동기, 그리고 인간 존재의 의미

### 시지포스(Sisyphus) 신화의 등장

고대 그리스 신화에 등장하는 시지포스(Sisyphus)는 바람의 신 '아이올로스'와 '에나레테' 사이에서 태어난 코린토스의 왕이다. 호메로스는 시지포스를 '인간 중에서 가장 현명하고 신중한 사람'이라 평했다. 하지만 그리스의 신들은 시지포스를 교활한 인간이라 생각하여 미워하게 된다.

고대 그리스 신화에 의하면 "시지포스는 신들의 비밀을 인간에게 누설하였다는 이유로 저주를 받아 커다란 바위를 언덕 위까지 밀어 올려야 하는 벌을 받게 되었다. 온 힘을 다해 밀어 올린 바위가 언덕 꼭대기에 도달할 무렵이면, 시지포스의 기운이 떨어지는 바람에 밑바닥으로 굴러떨어지게 된다. 그런 시지포스는 다시 가서 똑같은 노동을 영원히, 영원히 반복"해야만 하는 것이다.

### 동기는 시지포스 신화의 딜레마를 해결할 수 있는가

시지포스 신화는 인간의 삶과 그 삶을 영위하기 위한 일의 무의미성을, 더 나아가 인간 존재의 무의미성을 처절하게 은유적인 방식으로 표현하고 있다. 시지포스적 이해 방식에 따르면 청소년기에 갖는 꿈이란 결국 이런 무의미한 삶을 준비하는 무의미한 과정이며, 성인들은 자신과 가족을 부양하기 위해 오늘도 내일도 무의미한 직장생활을 반복하는 것이다. 이렇게 인간 존재가 무의미하다면 결국 남은 것은 '자살'밖에 없다는 알베르 까뮈의 절규가 여기서 나오는 이유이다.

현대 실천윤리학계의 거장인 피터 싱어(P. Singer)는 시지포스 신화에 대한 미국 철학자 테일러(R. Tayler)의 분석을 예로 들어 삶의 의미에 대한 새로운 접근 방법을 제시한다. 테일러의 독창적인 분석과 해법을 들여다보자.

테일러는 시지포스의 삶에 의미를 부여하기 위해서는 두 가지 방식으로 운명이 바뀌어야 한다는 독창적인 해법을 제시한다. 하나는 아무런 소득 없이 계속해서 똑같은 바위를 밀어 올리게끔 하지 말고, 시지포스로 하여금 다른 바위들을 언덕 위로 밀어 올린 다음 그 바위들을 이용해 멋진 사원을 짓도록 하자는 것이다. 다른 하나의 방법은 신들의 마음이 갑자기 자비로워져서 똑같은 바위를 밀어 올리는 노동은 계속 반복하더라도 시지포스가 반복적인 행위를 열렬히 좋아하게끔 마음을 바꾸어 놓자는 해법이다.

이러한 테일러의 독창적 해법에 근거하여 싱어가 제시하는 첫 번째 해결책은 객관적으로 가치 있는 목적을 위해 일함으로써 삶을 의미 있게 만들 수 있다는 것이다. 다시 말해, 우리에게 주어진 삶을 수동적으로 사는 것이 아니라 살 만한 가치가 있는 삶을 의식적으로 선택하라는 것이다. 실제로 직장에서 똑같은 업무를 보고 있지만 업무의 의미에 대한 시각에 따라 만족과 보람을 느끼는 정도나 업무의 결과에는 현격한 차이가 있음은 경험적으로 입증되고 있다.

두 번째 해결책 역시 현대인들에게 시사하는 바가 크다. '자신이 하는 일을 사랑할 때는 그 일이 일로 생각되지 않는다'고 한다. 미국 스롤리블로토닉 연구소가 '부를 축적하는 법'을 연구하기 위해 1,500명을 두 그룹으로 나누어 조사하였다. 이 조사에서 돈, 즉 경제적인 것에 우선순위를 두고 직업을 선택한 사람들을 A그룹 분류하였는데, 전체 83%가 여기에 해당하였다. 나머지 17퍼센트는 돈보다는 자신이 좋아하는 일에 우선순위를 두었던 사람들로서 B그룹으로 분류하였다. 20년 후 이들 1,500명 중에서 정확히 101명의 억만장자가 나왔다고 한다. A그룹의 사람들 중에서는 과연 몇 명이 억만장자가 되었을까? 놀랍게도 단 1명에 불과하였다. 나머지 100명 모두가 B그룹에 속한 사람이었다고 한다. 누가 직업이나 인생에서 성공할 것인가? 자신이 좋아하는 일을 택한 사람들임을 웅변해 주는 연구라 할 수 있겠다.

테일러도, 싱어도 문제 해결에 있어 '동기'의 중요성을 역설하고 있다. '동기'는 인간의 행동 특성 중 정의적 특성(흥미, 태도, 가치관, 성격, 사회성, 도덕성, 불안, 자아개념 등)에 해당한다. 이처럼 정의적 특성은 인간의 감정과 정서와 관련된다. 만약 문제에 대해 긍정적 인식을 갖게 된다면 문제 해결이 용이할 것이고, 부정적 인식을 갖게 된다면 문제 해결은 요원할 것이다. 그만큼 동기의 중요성은 중시되며, 특히 외재적 동기보다 내재적 동기의 중요성이 차지하는 비중은 절대적이다.

싱어가 제시한 두 가지 해결책 역시 동기의 구성요소 중 내재적 동기와 밀접하게 관련된다. 내재적 동기가 호기심이나 성취감 혹은 동일시에 의해 촉발된다면, 외재적 동기는 상과 벌에 의해 주어지는 것이다. 미국 스롤리블로토닉 연구소의 연구 결과를 보면, A그룹보다는 B그룹에서 억만장자 101명 중 100명이 나왔다는 것은 내재적 동기의 중요성을 입증해 준다.

몇 년 전 학부모들을 대상으로 한 강연을 마치고 막 시동을 걸려고 할 때 한 학부모가 다가와 아이스 아메리카노를 건네면서 질문해도 되냐고 물어 왔다. 그래서 괜찮다고 했더니 자기 아이는 "공부보다는 게임에 투입하는 시간이 너무 많다면서, 어떻게 하면 공부에 집중하게 할 수 있느냐"라고 물었다. 나는 1초의 망설임도 없이 아이가 공부에 흥미를 갖도록 환경을 조성해 주면 된다고 답했다. 이하는 생략하고, 학생들이 공부에 흥미를 갖도록 하려면 내재적 동기를 유발하고 지속시켜 주는 것이 매우 중요하다. 내재적 동기를 유발하도록 하려면 학생들 스스로 자아효능감(self-efficacy)을 갖도록 해야 한다. 자아효능감이란, '자기 자신의 능력에 대한 믿음 혹은 신념'이다. 이를 학업적 자아효능감(academic self-efficacy)이라 하기도 한다. 학생들이 자기 자신의 능력을 믿지 않고 어떻게 공부를 잘 할 수 있겠는가? 내가 지금도 학생들에게 강조하는 것이 자아효능감이다. '자기 신뢰'라고 부르기도 하는데, 이것이 전제되어야만 학습에 흥미를 가질 수 있다.

## 디지털 불평등 해소는 곧 인간다운 삶의 출발점이다

흔히 4차 산업혁명 사회라 불리는 지식정보화 사회에서의 "기술의 발전은 과거 어느 때보다 빨리 많은 사람을 가난에서 벗어나도록 할 수 있는 반면, 경제적 불평등과 계층분화현상 또한 더욱 악화시키고 있는 것이 현실"이라고 미국의 전 대통령 클린턴이 실리콘밸리 부근의 한 흑인 빈민가를 방문한 자리에서 디지털 불평등(digital divide)의 해소를 역설하면서 한 연설 내용에서 극히 일부만을 간추린 것이다.

맞다. 이제 우리는 그 기로에 서 있다. 디지털 혁명을 수반한 지식정보화 시대는 인류에게 유토피아를 선물하기도 하겠지만, 반면에 사회 곳곳에 어두운 그림자를 함께 드리우고 있다. 무엇보다 정보의 불평등으로 말미암은 개인 간, 국가 간 빈부격차와 이로 말미암은 소외문제는 매우 심각하다.

지식경제의 기본 축은 지식과 정보다. 따라서 정보화 시대에는 정보의 중심 지대에서 정보의 효용성을 향유하는 소수의 사람들과 그렇지 못한 대다수 사람들 간의 격차가 벌어지게 마련이다. 고급 정보를 소유한 집단과 하급 정보를 소유한 사람 집단 간의 정보격차는 결국 빈부의 격차를 가져오게 된다. 즉, 정보화는 정보의 소외를 낳고 정보 소외는 소득과 생활 수준의 소외를 심화시키는 것이다.

21세기 한국에서도 산업 간, 기업 간, 계층 간 양극화의 골이 깊어 가고 있다는 우려가 현실로 나타나고 있다. 양극화의 근본 원인으로 1990년대 들어 급변한 대내외 경제 환경의 변화를 꼽는다. 세계화로 말미암은 무역의 확대와 중국의 부상에 따른 국제 경쟁력을 띠는 산업 위주로 경제구조가 재편되면서 '적응 능력'에 따른 격차가 확대되었다는 것이다.

또한 지식정보화 경제가 진전됨에 따라 이를 효율적으로 이용하는 고급 전문직 일자리가 출현하는 반면에 다른 한편으로, 밑바닥의 저숙련 저임금 서비스 부분에 일자리가 많이 생겨서 일자리조차 양극화되고 있는 것 또한 현실이다. 따라서 고소득층과 저소득층 간의 양극화의 심화가 촉발되고 있다. 양극화의 심화는 중산층의 몰락으로 이어지고 있다.

일자리의 감소는 소득의 감소를 가져오고 이는 곧 소비억제로 이어진다. 소비억제는 내수 침체로 연결되고 (내부 침체 혹은) 경기침체는 다시 고용감소로 이어지는 악순환이 되풀이되고 있다.

이런 양극화는 사회통합과 경제성장에 장애 요소로 작용할 수밖에 없다. 흔히 '배가 고파서 혁명이 일어나는 것이 아니라 굶주리는 사람과 그렇지 않은 사람이 있기에 혁명이 일어난다'고 했다. 이제 정보의 세계화 시대에 앞서가는 개인이나 국가가 관심을 가져야 할 으뜸의 과제는 정보화 시대에 소외된 개인과 계층에 대한 국가의 배려와 함께 개선을 위한 노력이라는 윤리적 의식과 행동이 인간 존재의 의미를 북돋아 줄 수 있다.

정보의 불평등에 대처하는 국가의 배려 방향은 명확하다. 공부하고자 하는 모든 학생들이 제대로 된 교육을 받게 해 주는 것이다. 중산층 가정과 빈민층 가정의 사례를 예로 들어 보자.

중산층 가정의 아이들은 '집중양육(concerted cultivation)'이라고 부르는 분위기 속에서 성장하게 된다. 이 아이들은 부모가 지켜보는 가운데 수많은 활동을 하며, 그때마다 부모는 아이들을 차에 태워 이곳저곳으로 이동시킨다. 부모는 아이들이 누리는 삶의 거의 모든 부분에 깊숙하게 개입한다. 부모는 아이들에게 끊임없는 학습 경험을 제공하려고 집중과 노력을 기울인다.

이에 반해, 빈민층 가정에서는 아이들에게 현대의 경제 및 사회 전반에 제대로 적응할 준비를 하도록 도와주지는 못한다. 우선 고급스러운 언어 능력을 배양시키지 않는다. 이와 관련해 옥스퍼드대학교의 철학자이자 신경과학자인 알바 노에는 『뇌 과학의 함정』에서 다음과 같이 썼다. "언어는 특정한 사회에 속한 사람들에게서만 배울 수 있는 공통적인 문화적 실천이다."

중산층 이하 가정에서 할 수 없는 역할들을 이제는 교육기관이 담당해야 한다. 교육기관에서는 학생들이 저지르는 문법적인 오류를 바로잡아 주어 문법에 맞는 언어를 사용하고, 제대로 된 글쓰기 교육을 통해 자신의 감정과 생각을 올바르게 표현할 수 있도록 해 주어야 한다. 언어 환경의 차이는 지능지수 및 학업 성적으로도 연결된다는 연구 결과는 헤아릴 수 없이 많다.

우리 인생은 태어나면 한 번밖에 살지 못한다. 한 번 죽으면 우리 인생도 끝이다. 따라서 행복하게 즐겁게 모두 모두 잘 살 수 있는 삶을 선택해야 한다. 여기에 도덕법을 적용해 보자. 행복하게 즐겁게 살지 못하는 것은 불법이다. 내 메모장에 이런 글귀가 적혀 있는데 저자가 누구인지 적혀 있지 않다. 혹시라도 아시는 분은 연락 주시길 바라면서 옮겨 본다.

하늘의 꽃은 태양이고
태양의 꽃은 지구이고
지구의 꽃은 사람이고
사람의 꽃은 사랑이다.
사랑의 꽃은 용서이고
용서의 꽃은 기쁨이고
기쁨의 꽃은 인생이고
인생의 꽃은 즐김이다.

참으로 좋은 글귀다. 한 번뿐인 인생, 괴로움 없이 자유롭게 신나고 즐겁고 건강하게 멋지게 살아가길 빌어 본다.

# 8. 군맹무상(群盲撫象)
   - 소경 코끼리 만지기

### 군맹무상이란

　군맹무상은 군(群, 무리군), 맹(盲, 소경 맹), 무(撫, 어루만질 무), 상(象, 코끼리 상)의 한자어 조합이다. 군맹무상은 장님 여럿이 코끼리를 만진다는 뜻이다. 장님이 아무리 코끼리를 만진다 한들 제대로 코끼리의 생김새와 식생을 이해할 수 있겠는가! 유사 개념으로는 군맹평상(群盲評象)이 있다. 군맹무상과 군맹평상은 한자 하나가 다르지만 같은 의미로 받아들여도 된다.
　군맹무상은 모든 사물과 현상을 자기 자신의 좁은 소견과 주관으로 그릇되게 판단하는 것을 이르는 사자성어로, 출처는 불교경전인《대반열반경(涅槃經)》이다. 그럼 대반열반경 속으로 들어가 보자.
　고대 인도의 경면왕(鏡面王)이 앞을 보지 못하는 소경들에게 코끼리라는 동물을 가르쳐 주기 위해 그들을 궁궐로 모이게 하였다. 그들이 모두 모이자 신하에게 코끼리를 끌고 오게 한 다음, 코끼리를 만져보게 하였다. 이들이 코끼리를 다 만져 보자, 경면왕이 소경들에게 "코끼리는 어떻게 생겼느냐?"라고 물었다. 맹인들은 한결같이 자기가 만져 본 부위에 따라 다음과 같이 대답하였다. 먼저 상아를 만져 본 맹인은 "무와 같습니다."라고 대답하였다. 귀를 만져 본 소경은 "키와 같습니다."라고 대답했다. 머리를 만져 본 소경은 "마치 돌과 같습니다."라고 대답하였고, 코를 만져 본 소경은 "마치 절굿공이 같사옵니다"라고 대답하였다. 다리를 만져 본 소경은 "마치 널빤지와 같사옵니다"라고 대답하였고, 꼬리를 만져 본 소경은 "마치 새끼줄과 같사옵니다"라고 대답하였다.

이 고사성어가 의미하는 바는 우리 인간들은 자기가 경험해 본 것만이 참이라고 믿고 그것을 끝까지 고집한다는 것이다. 인간계에 있어 영원한 참과 거짓이 어찌 존재하겠는가?

양차 세계대전을 거치면서 인류에게 던져진 가장 커다란 질문은 '인간이란 무엇인가?'였다. 과연 인간은 '이성의 판단에 따라 행동하는가?' 아니면 '동물과 같은 욕구와 욕망에 따라 행동하는가?'였다. 현대의 철학자들은 이 두 가지 모두를 포함하고 있다고 보는 것이 대세이다.

## 군맹무상을 어떻게 해석할 것인가

군맹무상에 대한 해석을 보면, 동양과 서양은 미묘한 차이가 있을지는 몰라도 '자기중심적' 혹은 '인간중심적' 사고라는 측면에서 보면 본질적으로는 같다. 코끼리는 석가모니를 의미하고, 소경들은 석가모니를 제대로 이해하지 못하는 중생들을 가리킨다. 이 고사성어는 보통의 인간이 진리와 진지(眞知)에 도달하는 것이 매우 힘들고 어렵다는 의미로 해석할 수 있다. 우리 주변에도 이런 군상(群像)들은 많다. 얕은 지식으로 세상의 진리를 깨달았다는 듯이 행동하는 그런 부류들이야말로 소경과 다를 바가 무엇이란 말인가? 소경들은 자신들이 만진 부위가 무엇과 같은지만을 애기하고, 자기들의 대답이 마치 참인 것처럼, 진리인 것처럼 믿으니 말이다.

프란시스 베이컨(1561~1626)은 저서 『신기관, Novum Organum』에서 4가지 우상을 제시하였다. 우상이란, 편견이나 선입견을 지칭한다. 4가지 우상을 보면, 모든 인간에게서 공통적인 편견으로 인해 나타나는 '종족의 우상', 개인들 특유의 우물 안 개구리식 사고로 인한 '동굴의 우상', 사회집단과 모국어에 의해 조장되는 편견인 '시장의 우상', 잘못된 배움으로 인해 형성된 신념이나 편견에 의한 '극장의 우상'이 그것이다.

베이컨은 가장 근본적인 편견 혹은 선입견을 '종족의 우상'이라 보았다. 종족의 우상은 인간중심의 사고로 인해 발생하는 편견이나 선입견이다. 인간과 같은 포유류인 원숭이도 돌고래도 각자의 관점에서 사물을 판단한다. 일군(一群)의 학자들은 인간은 동물들과 달리 목적 지향적 행동과 태도를 보인다고 주장한다. 또한 자연도 동물도 모두 존재의 목적이 있듯, 하찮은 미물도 존재 이유와 목적하에 생존하고 있다고 주장한다.

그렇다면 인간중심주의 사고의 밑바탕에는 무엇이 자리하고 있는가? 서양의 합리주의자들이 말하는 이성인가? 아니면 감성인가? 만약 이성이라고 한다면 행동의 옳고 그름을 제대로 따져 옳은 행위는 권장하고, 올바르지 못한 행위는 스스로 수치심을 느끼도록 해야 할 것이다. 하지만 많이 배운 사람일수록, 높은 지위에 오른 사람일수록 점점 더 자신의 수치심을 교묘한 위장술이나 언변술로 더 예쁘게 포장한다.

인간은 결코 완성된 존재일 수 없다. 미완성의 존재로서 더 발전할 수 있다는 가소성(plasticity)에 근거해 행동할 때라서야 자신의 잘잘못을 뉘우치고 각성의 계기로 삼을 수 있다. 이것이 곧 '수치심'이다. 이 수치심은 자기의 행동에 대한 일종의 '책임윤리'다. 윤석열 당선자는 새 정권에서 국무총리와 장관들을 지명했다. 앞으로 험난한 청문회 과정을 통해 각각 지명된 자리에 취임하거나 낙마하게 될 것이다. 이전 정권과 마찬가지로 새 정부도 역시 인사 검증 문제가 도마 위에 오를 것이다. 내로남불이 어떤 형태로 나타날지 궁금하다.

   이 중에서 특히 교육부총리로 지명된 인사의 부도덕성은 비난받아 마땅하다. 대학 총장으로 재임하면서 동시에 대기업 사외이사를 겸직했다는 것은 부도덕성의 극치라 할 것이다. 대학 인사위원회의 잘못된 셀프 검증도 문제지만, 대학 총장이 대기업 사외이사로 재직했다는 것 자체만으로도 스스로 수치심을 가져야 한다. 더 나아가 재직 기간 동안 1억 원이 넘은 보수도 챙겼다. 정당한 직무수행 결과에 대해 보수를 받는 것은 당연하다. 하지만 부총리 후보자의 도덕적 해이는 도를 넘었다. 교육부총리 후보자의 더 큰 문제는 전근대적 교육관이다. 대학 입시 전형에서 수시의 비중을 현재보다 더 낮추고 정시의 비중을 더 높여야 한다고 발언했다. 1990년대 이후 학교 현장의 교육자들, 의식 있는 학부모와 교원단체들의 노력으로 수시의 비중을 높여 왔고, 이를 통해 주입식교육, 암기식 교육의 병폐 극복은 물론 자기주도적 학습을 통한 창의력 함양이라는 교육목표 달성에 매진해 온 교육계 전체의 실망감은 이루 말할 수 없다. 이런 상황에서 장관 지명자의 한마디는 학교 현장을 다시 주입식교육의 형태로 되돌리는 더 큰 해악을 잉태하는 것이다.

   이런 행태를 어찌 군맹무상(群盲撫象)이라 하지 않을 수 있겠는가? 후보자는 교육의 흐름과 변화를 제대로 읽지 못했을 뿐만 아니라 시대의 변화를 인정하려 하지 않으려고 눈을 감는 것과 마찬가지이며, 설령 변화가 보인다 해도 도무지 판단할 능력이 없는 인간 군상들과 무엇이 다르다는 말인가! 한심하기 그지없다. 요즘 대학생들이 '창의력이 부족하다, 어려움을 헤쳐 나갈 의지가 없다, 너무 편한 일자리만 원한다.' 등의 얘기들을 종종 하곤 한다. 이는 곧 하나는 알고 나머지는 모르는 사람들의 또 다른 군맹무상이다. 청년들이 왜 그렇게 되었나. 그리고 청년들의 도전정신과 문제해결력이 부족하다는 비판을 하려 한다면 그 비판의 시작점은 여기, 지금이 아니라 과거에 이들이 학교에서 무엇을 어떻게 배웠는가를 살피고 나서 해야 한다. 고등학교 3학년 학생이 소설을 읽으면, 학부모나 교사는 이렇게 말한다고 한다. 시험에 안 나오고 머리만 산란해지게 왜 소설을 읽느냐고 야단을 친단다. 물론 신문기사에서 읽었으니 제대로 검증되지는 않았지만, 이런 상황에서 무슨 창의력이 나오고 스스로 문제를 해결하려는 의지를 보이겠는가?

### 군맹무상으로부터 벗어나자

요즘 산과 들로 수많은 인파가 몰려든다. 봄 향기를 맘껏 느끼기 위해서일 것이다. 겨우내 머금고 기다렸던 울긋불긋한 꽃망울들이 화사하게 만발하고 있다. 여기저기서 탄성을 지른다. 여의도 공원에서, 보라매 공원에서, 하늘 공원에서도 만발한 꽃들을 배경으로 사진찍기에 여념이 없다. 여의도 벚꽃길에서 목격했던 한 커플은 손을 꼭 잡고 소곤소곤 얘기하면서 지나간다. 차량 소음과 주변의 시끌벅적함은 들리지 않다는 듯 얘기는 그칠 줄 모른다. 만개한 벚꽃이 더없는 기쁨을 선사한다. 얼마나 행복한 모습인가. 우리 집 옆에는 작은 공원이 있다. 쉬는 날이면 엄마 아빠들이 아이들을 데리고 나와 서로 공기 방울 놀이도 하고, 공차기도 하고, 간혹 치킨을 먹기도 한다. 나는 이런 행동들을 유심히 살펴보고 기록하여 분석하려는 습관이 나도 모르게 작동하기도 한다. 고치려 해도 잘 고쳐지지 않는다.

일부 젊은 부모들을 유심히 살피다 보면 아이들을 너무 과잉보호한다는 점은 무척 아쉽다. 그리고 예의 없이 행동하는 경우라 할지라도 아이를 나무라지 않고 무작정 잘했다고 칭찬만 한다. 아이가 넘어져 울기라도 하면 얼른 달려가 아이를 일으켜 세우면서 호들갑을 떤다. 이들 부모의 행동을 이해하지 못하는 것은 아니지만 아쉬운 것 역시 사실이다. 요즘 대학생들의 버릇없음에 대해 여기저기서 얘길 듣는다. 하지만 조금만 생각해 보면 그 이유를 알 수 있다. 과잉보호만 한 아이들은 옳고 그름을 제대로 판단할 수 있는 능력을 갖지 못하게 될 가능성이 매우 높다는 사실만은 꼭 지적하고 싶다.

이 문제에 대해 다시 한번 생각해 보자. '새가 나무꼭대기에서 소리를 내며 지저귀고 있고, 노랑나비가 날아다닌다'라고 가정해 보자. 이때 감성적인 사람은 '새가 노래하고, 노랑나비가 춤춘다'라고 답할 것이다. 맞다. 어렸을 때부터 교과서를 통해 그렇게 배웠다. 그리고 만약 시험에 나온다면 이걸 정답이라고 골랐다. 실제 그게 정답이기도 했다. 왜 이것이 정답인가에 대해서는 제대로 생각해 볼 기회가 없었다. 교사들은 수업 진도 나가기에 바빴고, 학생들을 성적에 따라 줄 세우기에 바빴다. 이렇게 가르쳐 놓고 너희들은 미래정신이 없다느니, 도전정신이 빈약하다고 힐난해서는 안 된다. 그건 모두 교육 당국과 어른들이 책임질 일이다. 이제라도 이런 교육에서 벗어날 때가 되었다. 모범답안이 아니라 그냥 새는 지저귄 것이고, 나비는 그저 살기 위해 날갯짓을 한 것뿐이다. 모든 현상에 대해 모범답안을 정해 놓고 여기에 맞추는 교육은 전체주의 시절이나 가능했던 교육이다. 인간중심의 사고 즉, 종족의 우상이 우리를 억누르고 있는 작금의 교육 현실을 타파해야 한다.

### 나가면서

흔히 무엇인가를 상상(想像)한다고 할 때 상상이란, '경험하지 못한 일을 마음속에 그리며 미루어 생각하는 것'이다. 무엇이든 '상상하는 대로 그려 보라'는 학습이 지금 당장이라도 필요한 시점이다.

왜 그러한가. 상상만 하고 체험(경험)하지 않으면 군맹무상을 맹신할 가능성이 농후하다. 삶은 완성형이 아니고 현재 진행형이다. 체험을 통해 실패도 해 보고 성공도 해봐야 참된 지식을 습득할 수 있다. 여기서 상상은 부정형이어서는 안 된다. 반드시 긍정형이 되어야 한다.

고대 성인들은 죽는 순간까지도 글로 진리(眞理)를 남기지 않았다. 성인들은 나는 진리를 아직 깨치지 못했다고 하였고, 한 가지 확실한 것은 '나는 내가 모른다는 것을 안다'라고만 얘기했다. 하기야 유한한 삶을 사는 미미한 인간이 어찌 무한한 삶을 논할 수 있겠는가. 사실 나는 코끼리를 만진 장님처럼 확신에 찬 말 한마디라도 해 보았으면 하고 내 자신을 재촉할 때가 더러 있다. 하지만 미천한 지식으로 지금도 글을 남기는 것을 자책하기보다는 겸손한 자기반성 과정의 일환이라 위안 삼으면서 또 하루를 시작해 보려 한다.

# 9. 무재칠시(無財七施)

### 무재칠시(無財七施)란

　무재칠시(無財七施)는 "가진 것이 없다 하더라도 베풀 수 있는 것이 일곱 가지는 있다"는 사자성어로 불경에 나온다. 무재칠시는 '인간계에서 진정 남을 위해 베풀고자 하는 마음만 가지고 있으면 얼마든지 실천할 수 있는 것'들을 제시한 것인데, 물질만능주의를 맹신하는 현대인들에게 시사해 주는 바가 매우 크다. 무재칠시 7가지는 다음과 같다.
　첫째, 얼굴에 화색을 띠고 부드럽고 정다운 얼굴로 남을 대하는 화안시(和顔施), 둘째, 말로써 베푸는 언시(言施), 셋째, 따뜻한 마음을 주는 심시(心施), 넷째, 호의를 담은 눈으로 사람을 보는 안시(眼施), 다섯째, 몸으로 돕는 신시(身施), 여섯째, 자리를 내주어 양보하는 좌시(座施), 일곱째, 굳이 묻지 않고 상대의 속을 헤아려 알아서 도와주는 찰시(察施)이다.
　흔히 베푼다고 할 때는 물질적 측면만을 우선 고려하기 쉽다. 예컨대, '가난한 사람들에게 음식을 대접하는 것, 병원비가 부족한 사람들에게 병원비를 대어 주는 것' 등이다. 하지만 물질적 측면만 포함하게 되면 베풂을 자칫 시혜(施惠, 은혜를 베풂, 또는 그 은혜)라는 인식을 심어 주게 되어 약자에 대한 배려의 정신이나 베풂의 자세는 사라지고, 가진 사람이 가지지 못한 사람에게 도와주는 것이라는 잘못된 인식을 심어 주게 될 수도 있다.

석가모니는 심적인 측면이 주가 되는 일곱 가지를 행하여 실천하면 행운이 따를 것'이라고 타일러 자칫 무재칠시가 물질적 베풂에 한정되는 것을 경계하고자 한 것은 아닐까?라고 나름의 해석을 본다. 조선시대에도 무재칠시가 전해져서인지는 모르겠지만 사대부 집안에서는 이 실천 지침들이 실제로 행해지고 있었고, 이를 따르려는 선비들의 수양덕목으로 중시되기도 했다.

## 무재칠시와 서비스(service)

인위적인 측면이 있기는 하지만 현대사회에서도 무재칠시의 정신이 강조되고 있는 것 또한 사실이다. 더 나아가 무재칠시의 정신을 내재화하여 일상의 삶 속에서 다양한 형태로 꾸준히 실천하고 있는 사람들도 많이 있다. 다양한 사례 중에서 '서비스 분야'에 대해 얘기해 보고자 한다.

고객들을 대상으로 하는 직종에서 중시되는 것이 '서비스 정신'이다. 한때는 '고객을 왕처럼'이란 슬로건이 유행하기도 했고, '서비스 정신'과 '고객은 왕'이란 슬로건을 동일시하기도 했다. 여기서 의문시되는 점은 '고객은 왕'이라는 슬로건이다. 나는 아무리 생각해 봐도 '왜 고객이 왕일까?', 과연 '고객은 왕이 될 수 있는가?'에 대한 의문은 풀리지 않았고, 지금도 마찬가지다.

먼저, 서비스(Service)란 단어에 대해 알아보자. 서비스는 라틴어 '세르부스(servus, 노예)'에서 유래하는데, 이 단어가 영미권에서는 'Slave(노예)'로 정착되었다. 지금의 러시아 민족을 슬라브 민족이라 할 때, 영어식 표기로는 'Slave'가 된다.

서비스의 사전적 의미는, '다른 사람을 위해 도움을 주거나 배려해 주는 행위 또는 기술'이라는 의미이다. 지금은 '자신의 정성과 노력을 남을 위해 사용한다'는 의미로 받아들여도 무방하다. 이 의미가 나타내는 바의 서비스는 단순히 사무적인 서비스거나 물적 욕구를 충족시킨 후에서야 만족을 느끼는 한계 수요에 대한 서비스가 아니라 서비스 그 자체의 욕구 충족이 물적 욕구 충족보다 더 중요함을 일깨워 준다. 즉, 투철한 서비스 정신이 물적 욕구보다 더 중요하다는 의미이다.

무재칠시의 일곱 개(화안시(和顏施), 언시(言施), 심시(心施), 안시(眼施), 신시(身施), 좌시(座施), 찰시(察施))의 뜻을 찬찬히 뜯어 보니 문득 '친절'이란 단어가 떠오른다. 친절을 연상케 하는 무재칠시는 '고객 만족도 향상'이란 개념과 상통할 듯하다. 7가지의 베푸는 마음은 서비스업에 종사하거나 공직자가 민원인을 대할 때 가져야 하는 태도와 일치한다. 사실 돈 한 푼 들이지 않고 남에게 베푸는 보람은 물론이고 타인에게 만족감을 제공해 주니 일석이조 아니겠는가?

요즘 공직사회는 물론이고 기업들에서도 국민들을 대상으로 '실시간 만족도 조사'를 한다. 가전제품 서비스를 받게 되면 기사가 명함을 건네면서 전화 오면 잘 이야기해 달라고 부탁한다. 고객인 우리가 자주 경험하는 것들이다. 더 나아가 단순히 '고객 만족'을 넘어 '고객 감동'이라는 슬로건을 내걸고 전문 CS강사의 강의를 듣는다. 이는 곧 고객이 감동할 때까지 '맞춤형 서비스'를 제공하겠다는 의지의 표현일 것이다.

이래저래 대한민국 국민들은 마치 자신이 왕이라도 되는 것처럼 친절한 서비스를 받는다. 그 대가로 국민들은 세금을 내고 서비스 이용료를 지불한다. 한발 더 나아가 정부나 헌법기관들은 '국민을 내세워 국민만 바라보고 가겠습니다'라고 외친다. 내면에 숨겨진 날카로운 발톱을 숨긴 채로 말이다.

## 어떻게 살 것인가? - 베풀고 나누는 삶

나는 커피를 마시다가도 조용히 눈을 감고 묵상을 하는 버릇이 있다. 그러다 문득 뉘우치기도 한다. 왜 성인들의 가르침들이 왜 한창 공부할 때는 머릿속에 들어오지 않았는지 모르겠다. 이 나이 먹고서야 한참 공부하던 시절의 책들을 꺼내 봐야만 그때서야 생각나는지 모르겠다. 그렇다면 앞으로 남은 생(生)을 어떻게 살 것인가? 설령 이러이러한 삶을 살겠다고 다짐한들 그렇게 살아질지는 모르겠지만, 그래도 오늘 하루만은 내 자신과 먼저 굳은 약속을 해 보고자 한다.

성현들은 세상을 살아가는 이치에 대해 "비우면 다시 채워지고 베풀면 그만큼 그 빈자리를 채운다"는 말씀을 남겼다. 이는 곧 자신에게 주어진 것을 비우면 물질을 대신하여 정신적 풍족함이라는 새것이 대신 채워지므로, 남을 배려하고 베푸는 것에 인색하지 말아야 한다는 의미일 것이다. 성현의 말씀은 왜 이렇게 난해하면서도 어려울까? 나를 포함해 상당수의 사람들은 설령 자신에게 있는 것이 한시적이라 할지라도 많이 가지고 싶어 하는 것이 인간일 것이다. 한시적이기 때문에 베풀어야 한다는 논리로는 도대체 설득이 되지를 않는다.

베푸는 데에는 크게 두 가지가 있는 것 같다. 물적인 베풂과 무형의 심적인 베풂이 있을 것이다. 자신이 가진 무형의 기능과 기술도 역시 베푸는 자원이 될 수 있다. 흔히 우리는 이것을 '재능기부'라 한다. 이처럼 다른 사람을 위해 무언가를 주는 행위 혹은 베푸는 행위를 기독교에서는 '사랑'이라 한다. 사랑은 도와주고 베푸는 것이다. 이때 고려할 점은 무조건 베푸는 것이 아니라 필요로 하는 사람을 찾아 도와주어야 한다는 점을 잊지 말아야 한다는 점이다.

먼저 진주의 김장하 선생의 '베풂'에 대해 소개하고자 한다. 진주에서 남성당 한약방을 운영하여 많은 돈을 번 김 선생은 "이 돈은 세상의 병든 이들, 누구보다 불행한 사람들에게서 거둔 이윤이므로 나 자신을 위해 써서는 안 되겠다."라는 결심을 20대 때 했단다. 그 결심은 어려운 처지에 놓인 학생들을 위한 장학금 지원으로 이어졌다. 장학사업을 하게 된 계기가 "선생 자신이 가난으로 인해 고등학교에 진학하지 못한 억울함을 나의 후배들이 가져서는 안 되겠다"는 생각 때문이었다고 한다.

선생은 1982년 '남성학숙'이라는 학교 재단을 만들고, 학교 건물을 지어 1984년 첫 입학생을 받았다. 명신고등학교의 출발이었다. 명신(明信)은 『대학(大學)』에 나오는 '명덕신민'(明德新民, 덕을 밝히고 백성을 새롭게 한다)의 줄임말이다. 학교 설립 8년째가 되던 1991년 8월 17일 명신고등학교 청웅관에서 학교 기증 선언과 함께 퇴임식을 열었다. 전 재산을 쏟아부어 만든 학교를 돌연 국가에 헌납한 것이다.

선생은 장학금을 받아 대학을 졸업하고 교수가 되고 사업가가 되고 검·판사가 된 사람들이 찾아와 감사함을 표시할 때마다 "내게 고마워할 필요는 없다. 나는 이 사회의 것을 너에게 주었으니 갚으려거든 내가 아니라 이 사회에 갚아라"라고 말씀하셨다고 한다. 이 얼마나 헤아릴 수 없는 숭고한 베풂의 실천인가. 선생의 베풂은 고향 사천은 물론이고 진주

곳곳마다 남아 있다고 한다.

교직에 있는 사람은 제자를 가르칠 때 사랑을 담은 말 한마디 한마디가 제자들의 마음속에 깊이 각인(刻印)되어 제자의 인생을 빛나게 한다. 또한 봉사하는 삶은 물론이고, 보이지 않는 곳에서 아름답고 선한 베풂을 실천하는 이들은 셀 수 없이 많다.

흔히 특정 행위 결과에 대해 '인과응보(因果應報)'라는 말을 하곤 한다. '인과응보'란, 선행을 베풀면 선행이 돌아오나 악행을 하면 불행의 악운이 나를 괴롭힌다는 것이다. '행한 대로 되돌아온다.' 정도로 이해하면 될 것이다.

### 천박한 한국식 능력주의

얼마 전 인터넷 커뮤니티를 뜨겁게 달군 '지방대 학벌' 논란이 있었다. 박지현 더불어민주당 비상대책위원장이 언론과 인터뷰를 했다. "제가 춘천 한림대를 나왔는데 이를 두고 주변에서 '한림대 나온 얘가 무슨 말을 하냐'는 식의 말을 많이 한다"면서 "능력 평가 기준이 오로지 학벌이 되어서는 안 된다"고 역설했다. 그러자 서울대 재학생 및 졸업생 온라인 커뮤니티인 '스누라이프'에는 "저학력이 벼슬인 세상"이라는 댓글이 올라왔다. 또한 이 게시판에는 "스카이(SKY, 서울대 고려대 연세대)'도 못한 걸 한림대가 한다"라는 댓글이 달렸다. "난 얘(박지현)가 나오고서야 한림대를 처음 알았다." 등의 댓글이 이어지고 있었다. 박지현이라는 청년이 비상대책위원장이 되고서야 주목도가 부쩍 높아진 모양새다. 100여 개의 게시물은 박 위원장의 학벌을 폄훼하는 적나라한 혐오 발언이 주류를 이루었다.

혹시 '국평오'라는 단어를 들어 본 적이 있는가? 국평오란, "대한민국 국민 평균은 수능 5등급"의 준말이다. 이 단어는 여기에 들지 못하는 사람들의 학벌이나 이해력을 비하하는 의도로도 쓰인다.

이 같은 논란이 작년에도 있었다. 문재인 정부의 청와대가 지난해 6월 박성민이라는 청년을 청와대 청년 비서관에 임명했을 때이다. 박 비서관은 강남대를 자퇴하고 고려대학교에 편입했다. 이 이력을 문제 삼은 것이다. 박 비서관이 순혈이 아니라는 얘기다. 순혈이면 인정되고 순혈이 아니면 인정하지 않는다는 강력한 메시지다. 이것은 기득권층과 기득권에 포함되기를 바라는 청년들의 현주소이다.

하기야 행정고시에 합격하고 연수를 마치면 5급 사무관으로 임명된다. 이런 상황에 25세의 대학 재학생인 박 비서관이 1급 공무원으로 임명됐으니 이게 과연 공정한 것이냐의 논란은 있을 수 있다. 심지어 고려대에 재학 중인 한 학생은 '박탈감 닷컴'이라는 웹사이트를 개설해 박 비서관의 사퇴를 주장하기도 했다.

이 두 청년이 논란이 된 것은 그들의 학벌이다. '시험'을 통해 학벌로서 증명되지 않은 능력은 인정받지 못한다. 그렇다면 역으로 생각해 보자. 대통령 당선자인 윤석열도, 법무부장관 지명자인 한동훈도 서울대 법대 출신이다. 그렇다면 이 둘은 과연 증명된 학벌을 가지고 상식에 따라 공평무사하게 수사하고 처벌했는가? 머지않아 이 둘의 민낯이 곧 벗겨지리라고 나는 장담한다. 그때 지금 논란을 일으킨 자들의 민낯은 어떤 형태로 나타날지 뻔히 그려진다. 이제는 단지 학벌이 한 개인의 능력의 절대치인 것처럼 판단해서는 안 된다.

## 서구식 능력주의에서 벗어나야 할 때이다

문재인 정권이 들어서자마자 최대의 화두는 '공정'이었다. 윤석열 당선자도 역시 '공정'과 '상식'을 전면에 내세웠다. 이 '공정'이라는 화두는 문재인 정부 5년 내내 논란의 중심에 있었다.

대표적인 것이 '인국공(인천국제공항공사)'사태다. 공개채용시험을 거치지 않은 비정규직 보안검색 노동자들을 정규직과 동등하게 대우하는 것은 '불공정'하다는 반발이 매우 거셌다. 사실 문재인 정부 내내, 그리고 이번 대통령 선거에서 20대가 등을 돌리게 된 하나의 계기가 되기도 했다. 취업 준비에 혈안이었던 수험생들이 길거리로 나섰다. 이들은 청년 세대의 취업 기회를 빼앗았다고 주장했다. 이들의 주장도 일리는 있다. 수험생들은 짧게는 1~2년, 길게는 10년이라는 기간 동안 공무원 시험 준비를 한다. 내 제자 한 명도 10년이라는 기간을 공부한 끝에 교행 직렬 행정고시에 합격했다. 이러다 보니 이들의 박탈감을 헤아리는 것은 어렵지 않다.

문재인 대통령은 후보자 시절 비정규직 노동자를 정규직으로 전환하는 것을 공약으로 내세웠으니 약속을 지킨다는 차원에서만 본다면 박수를 받을 만했다. 하지만 박수 치는 사람보다 비난하는 사람들이 훨씬 더 많다. 이유는 간단하다. 일방적으로 결정할 것이 아니라, 조금 더 숙려기간을 갖고 충분히 준비하고, 다른 한편으로는 사회 구성원들과 충분한 대화를 통해 해결했더라면 하는 생각을 그때나 지금이나 똑같이 해 본다. 문재인 대통령은 윤석열 정권의 탄생에 일정 부분 기여를 했다는 비판을 받고 있고, 나 역시 그 입장을 지지한다. 설령 민주세력이 정권을 잡더라도 앞으로 두고두고 도돌이표처럼 논란이 될 것이다.

이 같은 공정 담론의 밑바탕에는 한국식 능력주의가 깔려 있다고 볼 수 있다. '능력주의'란 용어는 1950년대 영국의 사회학자 마이클 영(Young)이 제시한 개념이다. 영은 능력주의를 "세습 신분 중심의 사회에서 능력 중심의 사회로 이행하는 합리적 과정"이란 의미로 사용하자고 제안했지만, "오직 성공을 개인 능력의 산물"로 여기는 측면도 포함하고 있다.

그렇다면 한국에서 능력주의는 전자일까? 아니면 후자일까? 후자이다. 따라서 한국사회에서 '공정'이라는 담론에는 사실상 능력주의의 일종이라 할 수 있는 '시험 만능주의(Testocracy)가 자리 잡고 있는 것이다.

왜 그럴까?

한국 사회에서 대학입시 결과는 개인의 능력을 확인시켜 주는 동시에 개인의 능력을 수치화해 주는 평가 방법으로 자리 잡고 있기 때문이다. 대학이 서열화되어 있는 한국적 상황에서 '시험'이라는 하나의 방법으로 개인의 능력을 결정한다. 이런 상황에서 학벌주의와 능력주의는 끈끈하게 결합되어 있다.

그렇다면 능력주의는 차츰차츰 약화 될 가능성은 있는가? 난 그렇지 않다고 본다. 우리나라의 고도성장이 이루어지던 시기에는 일자리 구하는 것이 어렵지 않았다. 그때는 건전한 능력주의가 작동하고 있었다. 하지만 지금처럼 고용 없는 성장이 지속되거나 저성장에 빠지게 되면서 노동시장이 양분화되어 있는 상황에서 극소수의 경쟁력 있는 자만이 살아남을 수밖에 없다. 그러하니 능력에 따른 차별은 더 심각해질 수밖에 없다. 이러한 부정적인 측면의 능력주의의 이면 깊은 곳에 학벌주의가 자리 잡고 있는 것이다.

자본주의 사회에서 능력주의가 문제 되는 이유는 만약 경쟁에서 승자가 되지 못한 대다수 사람들을 능력이 부족하다거나 노력하지 않은 사람들로 치부하고 만다는 데 오히려 더 문제가 있다. 이것이 곧 사회적 불평등으로 확산되는 것 또한 사실이다.

능력주의를 다룬 책들은 많다. 작년에 우리나라에서 센세이션을 불러일으켰던 하버드대학의 마이클 센델교수의 『공정하다는 착각』이나 박권일의 『한국의 능력주의』가 대표적이다. 이 책들은 한결같이 능력주의의 한계에 초점을 맞추고 있다. 예컨대 명문대 학생들은 스스로 치열한 경쟁 속에서 공정한 절차(시험)를 거쳐 능력을 인정받았다는 것이다. 하지만 깊은 내면으로 들어가 보면 능력을 인정받은 이들은 풍족한 경제적 배경을 밑바탕으로 풍족한 가정환경 속에서 자라나 입시경쟁에 유리한 환경을 선천적으로 타고났다는 점을 고려하지 않는다는 것이 문제다. 다시 말하면 능력의 형성 과정 자체가 불공정함에도 불구하고 능력주의란 미명하에 사회적 불평등을 정당화하고 있는 것이다.

이제라도 능력주의의 필요성은 인정해야겠지만 능력주의가 공정하게 작동할 수 있는 방식을 찾아내야 한다. 특히 사회적 신뢰와 연대감을 높일 수 있는 제도 방안이 재빨리 마련되어야 한다고 본다. 그 밑바탕에 무재칠시(無財七施)가 자리하고 있어야 한다고 굳게 믿어 본다.

# 10. 불편부당(不偏不黨)

### 불편부당(不偏不黨)한가요

　불편부당은 사전적으로는 "어느 한쪽으로 치우치지 않아 아주 공정함"이란 의미가 내포되어 있다. 예컨대 삼권분립의 한 축인 '사법부는 정치적인 사건이나 문제에 대해 중립을 지켜야 한다.'라고 얘기할 때 여기에는 '불편부당한 중립'이라는 의미가 포함된다. 더 나아가 재판할 때 판사는 동료 판사나 지인, 가족에 구애받음이 없이 법의 잣대로 공정한 판결을 해야 한다는 의미도 동시에 포함된다.
　또한 불편부당은 공정해지려면 어느 '한쪽으로 치우치지 말아야 한다'는 전제를 담고 있다. 그 이유인즉 치우침이 있으면 공정할 수 없고, 공정하지 못하기 때문에 믿음을 주지 못하고 믿음을 주지 못하기 때문에 비난받게 되어 있기 때문이다.
　요즘 윤석열 정부의 장관 임명을 위한 청문회가 한창이다. 모 후보자의 아들과 딸이 자신이 근무하는 의과대학에 합격했다. 또 다른 후보자는 자동차세를 덜 내기 위해 주소를 이전했다. 그것도 공정하게 법을 집행해야 하는 장관 후보자가 말이다. 또 다른 후보는 법인 카드를 쪼개기로 사용하고, 박사학위 논문심사를 할 때 일명 '방석 집'에서 논문심사를 했다는 결정적 증언으로 결국 사퇴했다. 과연 이것은 공정한가? 뒤에서 다루겠지만 고위 공직자의 뜻을 품은 사람은 자기관리를 철저히 해야 한다. 그렇지 않으면 결국 패가망신이라는 후과가 뒤따른다.

　불편부당은 다시 언급하건대, 어느 한쪽으로 기울어짐이 없는 중정(中正, 치우침이 없이 곧고 올바름)이요, 공평함이다. 중정과 공평함은 인간 세계가 꾸준히 추구해 왔고 수많은 철학자와 학자들이 강조해 온 본질(本質)이었다. 또한 수많은 역사적 사실들이 불편부당을 유지함이 얼마나 힘든 것인가를 증명해 주고 있다.


### 과거 합격자 명단에서 아들의 이름을 지우다

　불편부당함은 곧 상행하효(上行下效)를 낳는다. '상행하효'에서 효(效)는 '본받다'는 의미의 한자어이다. "윗사람이 하는 일을 아랫사람이 본을 받는다"는 사자성어이다. 즉 "윗물이 맑아야 아랫물이 맑다"는 의미이다. 이에 관해 전해오는 이야기는 너무나도 많다. 기회가 된다면 상행하효는 별도로 서술하기로 한다. 무릇 관리는 강직하고 정직해야 하며, 거짓이 없어야 한다. 그런 사람만이 백성의 아픔을 보듬을 수 있고 그런 사람만이 위민정치(爲民政治)를 할 것이다.

　조선 세종 때 청백리로 소문난 정갑손이라는 관리가 있었다. 정갑손은 청렴했을 뿐 아니라 강직한 성격의 소유자이기도 했다. 세종 앞에서도 임금의 언사와 행동을 가차 없이 비판하기로 유명했다. 이런 그를 불편하게 여기기는커녕 중용한 세종의 그릇됨을 높이 평가하지 않을 수 없다. 이러한 정갑손을 괘씸하게 여기는 자가 있기 마련이다. 정갑손은 중앙관직에서 밀려나 경기도 관찰사로 곧이어 함길도의 관찰사로 좌천되었다. 여기에 굴하지 않고 정갑손은 선정을 베풀어 그 지역 백성들로부터 칭송받았다. 함길도 관찰사로 봉직하던 중 요즘 말로 하면 '연차'를 써서 한양으로 왔다. 이때 세종 임금을 배알 했다. 세종이 그의 선정을 칭찬한 다음 중앙관직에 복직시켰다.

불편부당이라는 제목으로 돌아가 보자. 정갑손이 함길로 관찰사로 재직할 당시, 한양에 출장 갔다 되돌아가던 길에 그 지방에서 실시한 향시(鄕試)에 아들이 합격했던 모양이다. 조선시대 문과 시험은 향시를 합격하면 한성에서 실시되는 진사시를 칠 수 있고, 진사시에 합격하면 소위 대과에 응시할 수 있었다. 그런데 함길도에서 실시한 향시에 아들이 덜컥 합격했으니 보통 사람 같으면 얼마나 기뻤겠는가!

하지만 정갑손은 달랐다. 정갑손은 시험을 주재했던 관리를 불러들여 "늙은 놈이 감히 나에게 여우처럼 아양을 떠는구나. 내 아들은 아직 공부가 이에 미치지 못하거늘 어찌 요행으로 관찰사와 임금을 속이려 하느냐"라고 호통을 치고는 이 관리를 파직시켜 버린다. 그리고 합격자 명단에서 아들을 직접 지워버린다. 그 이유는 간단하다. 관리가 불편부당하지 않고 부당하게 업무를 처리했다는 것이다. 윤석열 정부 초대 복지부 장관으로 지명된 후보자의 입장이라면 정갑손의 처사는 이해할 수 없는 행위였다.

과연 정갑손의 행위가 '불편부당한가?'. 괜히 '영특한 아이의 미래를 아버지가 막은 것이 아닌가?'라는 회의도 하게 된다. 하지만 그렇지 않다. 먼저 생각해 볼 것은 아버지가 관찰사로 있는 곳에서 과거 시험을 치른 행위 그 자체가 잘못된 것이었다. 아들은 나중에 과거에 합격하여 관직에 나아가지만, 그 당시 아들의 선택은 공정하지 못했다고 볼 수 있다.

그렇다면 정갑손의 결정은 '쇼'였을까? 아니면 자신의 별명인 '독격(獨擊鶻, 혼자 내려치는 매)'이라는 명성을 지켜 가문과 지위의 안전을 위한 것이 아니었을까?라는 생각도 해 볼 수 있다. 개인적으로 공직자는 일종의 '쇼'도 필요할 수 있다. 예를 들어, 부모가 고위 공직자이거나, 대학 총장이거나 국회의원이라면…. 만약 정갑손이 아들의 합격에 아무 영향력을 미치지 않았다고 강변한다고 한들 누가 그 말을 진실이라고 믿겠는가! 그걸 접하는 사람들은 박탈감을 느낄 것이고, 패배감에 찌들 것이다. 그리고 함길도에서 그의 다스림을 지역민들은 '불편부당'하다고 받아들이겠는가?

21C에 이런 조치를 한다면 '역차별'이라고 주장할지도 모른다. 부모가 대통령, 국회의원, 대학 총장이라 할지라도 자기 아들이 스스로 선택해서 취직했는데, 그 직위를 박탈한다는 것은 있을 수 없다고 주장할 것이다. 하지만 정갑손은 자신이 관찰사로 재직하고 있는 지역에서 아들이 과거에 응시한다면, 그 지역의 관리들이 공정하게 평가하지 못하리라고 판단했던 듯싶다. 공직자라면 이런 정도의 판단력은 필요하다.

공직에 봉사한다는 것이 예나 지금이나 이렇게 힘들고 어려운 것이다. 하지만 윤석열 정부에서의 장관을 위시한 공직에 임명된 사람들의 자질을 찾아보노라면 오히려 매관매직이라는 의심을 지울 수 없다. 그러다 보니 대통령 당선인이 내세운 공정과 상식이라는 단어가 무색해졌다. 상당수의 장관 후보자들이 이런 형편이다. 자신들이 과거 어떤 행동을 해 왔는지를 되돌아볼 최소한의 염치도 없는 것 같다.

장관 후보자 중에는 개인적인 친분이 있는 사람도 있다. 진영 차원을 넘어 축하의 메시지를 카톡으로 보냈다. 하지만 보도된 기사를 보면서 아연실색했다. 간혹 만날 때마다 자녀들이 공부 잘한다는 자랑에 마냥 부럽게만 생각했었다. 기사를 읽는 것만으로 판단하고 싶지는 않았다. 이후 몇 사람과 통화하면서 신문 기사가 어느 정도 사실로 인정되는 순간 핸드폰에서 전화번호를 지우고 말았다. 며칠 후, 장관 후보직을 사퇴했다는 기사를 읽었다. 그나마 '최소한의 양심이 남아 있었구나…'라고 생각하면서 씁쓸한 입맛을 다셔 본다.

## 정갑손이 남긴 교훈

정갑손은 3남 1녀를 두었다는 기록이 있다. 셋째 아들인 정오(鄭烏)가 그 주인공이다. 정오는 효성이 지극했고 문재(文才) 또한 뛰어났다. 이를 알고 있는 정갑손이 아들을 과거 1차 시험에서 탈락시켰던 것이다. 당시 출제위원들은 아들의 합격을 취소하라는 정갑손의 명령에 "채점은 공정했고, 장원 자격이 충분했다"라고 항변했다. 그러자 정갑손은 태연한 태도로 "내가 이곳 관찰사로 있는 한 정오는 합격시킬 수 없다"고 대꾸했다.

그날 밤 정갑손은 아들 정오를 불러서 조용히 이르기를, "오야. 나는 네가 힘길도 향시쯤이야 가뿐히 장원하고도 남으리라는 걸 알고 있다"라고 얘기하자, 아들 오는 미소로 답하면서 "아버님의 뜻 잘 알겠습니다"라고 답했단다. 그 아버지에 그 자식이다. '상행하효'의 전형이었다.

그 후 정오는 외가가 있는 경상도로 내려갔다. 그곳에서 실시된 향시에서 장원급제하였다. 이듬해 한양에서 치러진 과거에서도 장원 급제를 하여 어사화를 꽂고 함길도로 내려갔다고 한다. 이를 본 아버지의 흐뭇해

하는 모습이 그려진다. 어찌 자랑스럽지 않겠는가. 그리고 아버지의 뜻을 헤아리고 외가에까지 가서 장원 급제했으니 말이다. 이것이야말로 관리가 해야 할 '공정'이고 '상식'일 뿐만 아니라 '품격'이다. 그래야만 관직이라는 가치를 빛낼 수 있다. 이럴 때 '명예'라는 단어를 비로소 사용할 수 있다. 더 나아가 가문의 영광을 지키는 것이다. 깊이 새겨야 할 훌륭한 인품이다.

### 자신의 과거를 돌아보자

다시 논의의 주제인 불편부당으로 되돌아가자. 이 시점에 불편부당을 논해야 하는 이유는 간단하다. 장관이나 국회의원이 되고자 하는 사람들의 행동거지를 보자니 정말 가관이다. 이전의 정권에서도 마찬가지지만 앞으로도 마찬가지일 것이다. 학생들을 가르치는 교사나 교수가 부정행위를 일삼으면서 '공정하게 행동해라, 학생답게 행동해라'라고 얘기하면 누가 그 스승을 존경하겠는가?

5월은 어린이날이 있고, 어버이날이 있고, 스승의 날이 있다. 아이들에게는 매일 매일이 어린이날이요, 어버이날은 매일 매일이 어버이날이어야 한다. 마찬가지로 매일 매일이 스승의 날이 되어야 한다. 이 말은 어린이는 어린이일 수밖에 없다는 의미다. 티 없이 맑은 어린이가 티 없이 건강하게 자랄 수 있도록 마련해 주는 것 또한 어른들의 도리이다. 이런 아이들에게 부모에게 효도를 강요하고 스승에게 존경을 강요할 수는 없다.

새삼 교육의 중요성을 깨닫는다. 오늘 강의 주제는 '불편부당'이었다.

이 사자성어를 아는 대학생들이 아무도 없다. 정갑손의 예를 들어 설명했다. '공정함', '치우치지 않음', '중정', '상행하효'를 설명하면서 무엇이 우리에게 필요한 가치인가를 다음 시간에 토론하고자 제안했다. 그러자 맑은 웃음소리가 들린다. 잘 준비하겠습니다!

## 청렴해야 살아남는다

이제 마무리해야 할 때다. 공직자들은 청렴 교육을 매년 일정 시간 이상 받는다. 그리고 새해 시무식을 할 때 공직자들은 청렴 서약을 한다. 과연 청렴 교육과 청렴 서약을 해야 할 정도로 공직사회가 공정하지 못하다는 것은 아닐 것이다.

사회가 공무원들에게 요구하는 청렴 기준은 매우 엄격하다. 더 나아가 국민들이 공무원들에게 요구하는 사항들은 너무 과도하다 싶은 생각도 든다. 예컨대, 이런 것들이다. 친절해야 하고, 민원인에게 상냥해야 하고, 전문지식을 갖추어야 하고, 일반 국민보다 훨씬 더 도덕적이어야 한다고 생각한다. 더군다나 뇌물을 받아서는 안 되고, 음주운전을 해서도 안 된다고 생각한다.

너무 잣대가 엄격한가?. 그 기준을 완벽히 충족시킬 수는 없겠지만 그래도 그런 노력을 함으로써 국민들의 사랑을 받을 수는 있다. 공무원에게 요구하는 '청렴'은 업무 수행이 공정해야 하고, 과정에 반칙이 허용되지 않아야만 그 가능성이 구현된다.

중국 명나라의 청백리로 유명했던 '우겸'이라는 관리가 있었다. 그가 천자를 알현하러 가게 되자, 그에게 금은보화는 아닐지라도 지역특산물이라도 들고 가라고 지청구를 하는 이들이 있었나 보다. 그러자 그는 아름다운 시로 화답한다. "두 소매에 맑은 바람만 넣고 천자를 알현하러 가서 백성들의 입에 오르내리는 일은 면하리라."

 중국이나 우리나라에서나 관복의 소매가 넓어 재물을 넣는 역할도 했으리니, 이 두 소매에 바람만 넣겠다는 우겸의 시는 결국 아무 재물도 지니지 않겠다는 의지의 표현이다. 어떤가. 공직생활을 하는 동안에 옷깃 한 자락에서라도 청량한 바람, 청풍(清風兩袖, 두 소매 안에 맑은 바람만 있다)만 풍겨 나오게 하겠다는 자세에서 큰 교훈을 얻는다. 이 청풍양수는 추호도 재물을 탐하지 않겠다는 결연한 자세를 표현한 말로, 청백리라는 단어도 여기서 유래했다고 한다.

# 11. 군자삼계

　공자는 『논어(論語) 계씨(季氏)』 편에서 인생을 크게 청소년기, 장년기, 노년기의 세 시기로 나누고, 각 시기에 경계해야 할 것으로 군자삼계(君子三戒)[3]를 제시하였다. 청년 시기엔 아직 혈기가 안정되지 않았으니 '여색'을 경계해야 하고(少之時 血氣未定 戒之在色), 중년에는 바야흐로 혈기가 굳세어지니 '싸움'을 경계(及其長也 血氣方剛 戒之在鬪)하고, 노년 시절엔 혈기가 쇠약해졌으니 '탐욕'을 경계(及其老也 血氣旣衰 戒之在得)해야 한다는 것이다.

　청소년기 남자는 혈기가 왕성해지고 천하를 두려워하지 않으며 온 세상이 내 것인 양 거만하고 이성보다는 감정이 앞서므로 매우 불안정한 시기이다. 또한 쉽게 유혹에 빠지기 쉽다. 이때는 특히 여색의 유혹에 매우 취약하다. 그래서 이성 문제로 괴로워하는 경우를 쉽게 볼 수 있다. 이 시기에 경계해야 할 것이 어디 여색뿐이겠는가. 하지만 여색은 '술과 함께 온다' 하여 주색(酒色)이라 이름 붙였다. 공자가 여색의 경계를 강조함은 여기에 있을 것이다. 루소(J. J. Rousseau) 역시 저서 『에밀(Emile)』에서 이 시기는 "성에 대해 흥미를 느끼며, 과실을 범하기 쉬운 시기이므로 훈

---

[3] 이 글은 이중근 부영그룹 회장이 4300억 횡령 건으로 2020년 법정 구속되며, 17대 노인회장 임기를 다 채우지 못하고 불명예 퇴임하였다가 2024년 8월 27일, 19대 노인회장으로 당선된 뒤 '노인회가 노인다운 노인으로, 존경받는 노인으로 후대를 생각하는 노인으로 열심히 살도록 하겠다'는 각오를 밝힌 27일 저녁부터 28일 새벽에 적은 글로서, 막판에 추가하기로 결정했다.

화는 삼가야 한다"고 강조했다.

장년기는 청소년기보다는 혈기는 안정되었으나 아직도 왕성하고, 또한 의욕이 넘치고 자신감도 충만한 시기이다. 그리고 한 사회를 떠받치는 중추적 역할을 담당한다. 그러다 보니 선의의 경쟁도 해야 하고, 성취를 위해 격렬한 투쟁도 다반사로 일어난다. 간혹 안하무인(眼下無人)으로 행동하기도 하고, '실패는 성공의 어머니'라는 그릇된 공식을 신봉하기 쉽다. 실패는 실패일 뿐이다. 실패가 성공의 어머니가 되려면 지나친 자만심이나 완력, 쾌감보다는 지혜롭게 공존하는 법을 배우고 '더불어 함께'라는 합리적이고 능동적인 사고가 요구된다. 그래서 공자는 장년기에 '싸움'을 경계하라고 했을 것이다.

이제 노년기로 넘어가 보자. 이 시기는 풍부한 인생 경험에 따른 이성적 판단이 가능한 시기이다. 하지만 혈기가 쇠퇴하다 보니 여색에 대한 무관심은 물론 자신감도 약해지고 남과 다투는 일에도 흥미를 느끼지 못한다. '이 세상을 내 품 안에'라고 큰소리치던 포부와 자신감도 사라지고 비 내리는 창문을 바라보며 자신의 쓰임새 없는 초라한 모습에 회한(悔恨)에 젖기도 한다.

노년기 인간은 왜 회한에 젖어야만 하는가? 잠시 눈을 1880년대의 미국 에머슨에게로 돌려 보자. 에머슨에 따르면 어른은 자신의 의식이라는 감옥에 갇혀 있는데, 만약 그가 어떤 발랄한 말이나 행동을 하는 순간, 그는 어느 한 편을 지지하는 사람이 되어 수백 명에게 동정을 받거나 증오의 대상이 된다는 것[4]이다.

2024년 7월 10일 행정안전부 발표에 따르면 우리나라 65세 이상 노인인구가 1,000만 명을 넘어섰단다. 현재 5명 중 1명이 노인인구이며, 전체 인구의 20%에 육박하고 있다. 노인인구가 20%를 넘으면 초고령화 사회로 분류된다. 행안부 발표 시점에는 19.5%로 연말에는 20%가 넘어갈 것으로 예상된다. 1차 베이비부머(1955년~1963년) 세대가 이미 노년기에 진입하였고, 2차 베이비부머(1968~1974년) 세대가 곧 노년기에 접어들게 되면서 대한민국은 이제 고령화 사회를 넘어 초고령화 사회를 목전에 두고 있다. 과거보다는 기대수명이 많이 늘었고 사회활동에도 활발히 참여하는 상황이라 이에 맞는 대책들이 필요하다. 아직도 충분히 국가 경제에 기여할 수 있는 이들은 많다. 이젠 65세 이상은 노인이라는 노인의 정의부터 바뀌어야 한다고 생각해 본다.

동양에서는 언제부터인가 '노인'은 곧 '어른'이라는 등식으로 이해해 왔다. 장년기의 '사장님'이란 호칭도 이젠 '어르신'이란 호칭으로 바뀐다. 원치 않지만 이젠 '어른'으로 살아갈 수밖에 없다. 나는 어른으로 인정받고 대접받으며 살아갈 수 있는 방법을 톨스토이와 랄프 왈도 에머슨에게 발견하고서 그렇게 살아가려 노력하고 있다.

나는 톨스토이에게서 (이중구과는 다른) '삶'이라는 인생의 지혜를 배

---

[4] 랄프 왈도 에머슨(Ralph Waldo Emerson)저, 이종인 역, 『자기신뢰』(서울 : 현대지성, 2021). p. 18: 에머슨은 1834년 콩코드로 이사하여 월든 호수 근처의 땅과 집을 사고, 이곳에서 47년 동안 왕성한 지적 노정을 시작한다. 그는 "콩코드의 현자"로 불렸으며, 19세기 후반 미국 사상계에서 가장 우뚝한 존재였고, '공공지식인'(public intellectual)으로 통했다. 시인 프로스트는 가장 위대한 미국인으로 조지 워싱턴, 토마스 제퍼슨, 에이브러햄 링컨과 함께 에머슨을 꼽았다. 에머슨의 제자 헨리 데이빗 소로는 이 호수를 배경으로 『월든』을 펴냈고, 에머슨 자신도 이 숲과 호수를 산책하면서 많은 영감을 얻고 안식을 누렸다.

운다. 톨스토이가《부활》(1899)을 내놓은 시점엔 러시아도, 유럽도, 세상도, 톨스토이도 많이 변해 있었다. 이 시기는 혁명의 조짐이 격화되던 시점이었다. 톨스토이는 수염을 치렁치렁 늘어뜨린 성자와 같은 모습으로 '도덕적 삶'을 실천하려 노력한다. 허름한 작업복을 입고 농민들 속에서 손수 땀을 흘리며 농사를 짓고, 그의 위대한 업적이자 재산인《전쟁과 평화》,《안나 카레니나》등의 저작권을 민중에게 되돌려 주겠다고 선언했다. 이 선언은 부인인 소피야에게는 너무 무책임하고 이기적인 사람이었지만 동시에 전 세계에서 그를 스승으로 삼겠다는 지식인과 작가들로부터 쇄도하는 편지와 함께 가장 유명한 인물이 되어 있었다.

여생이 얼마 남지 않은 톨스토이는 아내와 유언장 작성 문제를 두고 대립하다 결국 영지인 야스나야 폴랴나를 떠나는 가출을 감행하였지만, 멀리 가지 못하고 영지 근처 간이역인 아스타포보 역에서 쓰러져 그 역장의 집에서 시름시름 앓다가 죽게 된다. 임종 직전, 급히 찾아온 소피야 부인은 죽어 가는 톨스토이 곁으로의 출입도 제지당하고 결국 임종도 지키지 못한다. 톨스토이가 내게 준 인생의 여러 교훈 중 하나이다.

다시 본 주제로 돌아가 보자. 정신의학과 의사인 김혜남은 『어른으로 산다는 것』(2011)이란 책에서 "어른으로 산다는 것은 자신의 삶에 대해 책임을 지고 자기 인생의 주인이 되어 스스로 선택하고 자기가 원하는 방향으로 나아가는 것이며, 우리가 가지고 있는 많은 부분을 스스로 이해하게 되고, 아!, 나는 이 부분에서 다른 사람과 닮은 점이 있구나, 내가 이런 것 때문에 힘들었고 내가 이런 것 때문에 나를 미워했구나, 이런 점 때문에 저 사람을 미워했구나, 그래서 나는 이런 식으로 고통을 받고 있는 것이지라는 깨달음을 얻는다는 것이다. 그러면서 '나'를 혹은 '타인'을, 이 세상의 불합리함을 이해하게 되면서 자신의 마음이 편안해지고 타인에 대해 편안해짐을 느끼며, 한 걸음 뒤로 물러나 세상을 관조할 수 있게 된다"고 설명한다.

이제 노인도 '늙은 소나무처럼 서서히 사라져 가야 한다'라고 생각할 것이 아니라 '조금씩 조금씩 연륜이 성장해 간다고 생각하면서 살아가야 하지 않을까'라고 생각해 본다. 이젠 '나잇값'을 제대로 해야 할 때가 되었다. '나잇값'이란, 특정 나이에 어울리는 사회적 규범과 기대를 충족시키는 것을 의미한다. 나잇값은 나이만큼 통 크게 쳐 주지 않는다. 그 이유는 간단하다. 나이를 먹다 보면 당연히 노인이 되어가지만, 그렇다고 아무나 어른이 되지는 않는다. 강원국 작가의 말처럼 "노인은 많지만 어른은 드문 세상"이라는 말도 그래서 나왔을 것이다. 어른이란, 멋지게 나이 드는 것을 의무라 여겨 아름다운 삶을 살아가야 한다는 의미도 포함되지 않을까 싶다.

강원국 작가는 '어른다움'을 네 가지로 정의한다. 첫째 배울 점이 있어야 하고, 둘째 자신의 선택에 책임을 져야 하고, 셋째 말조심해야 하고, 넷째 지혜로운 판단을 할 수 있어야 한다는 것이다. 배울 점이 있어야 한다는 것은 권위를 내세우기보다는 어린 세대의 모범이 되는 것이다. 꾸준히 학습하고 심신을 연마해야 당당한 어른으로 대접받을 수 있을 것이다. 선택에 책임을 진다는 것이란, 결과가 좋지 않더라도 투정 부리거나 투덜거리지 않고 의연하고 의젓하게 홀로 서야 함을 의미하는 것이다. 말조심해야 한다는 것은 대화를 독점하거나 잘난 척하지 말아야 한다는 것일 것이다. 말하기 전에 귀를 먼저 열어 상대방의 얘기를 경청해야 한다는 의미일 것이다. 마지막으로 지혜로운 판단이란, 옳고 그름을 분별력 있게 해야 하며, 이 세상에서 소외되고 있는 것 같아서 섭섭하긴 하지만 이를 당당히 인정하고 노여운 감정을 잘 다스린다면 되지 않을까 싶다.

'어른답게' 살기 위해서는 노여움, 노파심, 노욕(노탐)을 버려야 한다. 그래서 공자는 노년기에는 '탐욕(貪慾)' 즉 '무엇을 가지려는 것'을 가장 경계해야 한다고 하였다. 어느새 내 나이도 예순을 훌쩍 넘었다. 그냥 노인으로 늙어 갈 것인가, 어른으로 살아갈 것인가. 30년 전의 60대와 지금 60대는 '늙음'의 정도가 다르다. 특히 한국의 60대는 건강·직업의 수행 능력이 다른 어떤 나라보다도 좋아졌다. 그러다 보니 요즘 세상에 예순이 조금 넘은 나이로는 제대로 대접받기도 쉽지 않다.

에머슨은 대접받는 노인 즉 어른이 되려는 사람들에게 다음과 같은 교훈적 글귀를 남겼다. "눈치 보기를 거부할 수 있는 사람, 주변 사람이나 사물을 일단 관찰했으면 그다음에는 눈치 보지 않고, 편견을 갖지 않고, 뇌물로 마음을 취하지 말며, 두려움 없는 솔직함으로 자기 의견을 말할 수 있는 사람, 이런 사람은 강적이 된다. 이런 사람이 주변에서 벌어지는 일에 의견을 내놓으면, 사적인 게 아니라 필요에 따른 의견임을 알기에 사람들 귀에 쏙쏙 들어가 박히고 그들은 두려운 존재가 된다." 쉽지 않지만 이렇게 살다 죽고 싶은 간절한 마음을 머리와 가슴에 깊이 새겨 본다.

내가 어렸을 적에는 나이가 곧 벼슬이던 시절이기도 했었다. 그때는 한정된 지식과 정보에 의존하던 시기라서 경험이 곧 중요한 자산이기도 했다. 하지만 이제는 나이가 벼슬이던 시대는 지났다. 단지 오래 살았다는 이유만으로 대접받는 시대가 아니다. 따라서 나이가 많다는 이유만으로 상대방을 함부로 재단하거나 대해서는 안 되며 눈앞에 보이는 이익만 추구해서도 안 된다. 하지만 처해 있는 현실이 그래서일까. 더 이상 경제적

이득을 취할 수단이 마땅치 않음에도 억지로라도 얻으려 하거나, 베풀거나 버리기보다는 손에 움켜쥐려는 경향이 강하다. 이런 것을 흔히 노탐(老貪)이라고 하는데, 노탐이 지나치면 추해진다. 그래서 공자는 노년기에 '탐욕(貪慾)'을 경계하라고 일렀을 것이다. 공자의 말씀을 이중근 부영그룹 회장에게 꼭 해 주고 싶었다. 괜한 헛소리쯤으로 간주하겠지만 말이다. 남자가 나이 들면 열어야 할 것은 '마음'과 '지갑'이라는 우스갯소리가 귓전을 맴도는 새벽이다.

2부

# 누군가의 삶은
# 누군가에겐 풍경이 된다

# 1. 나는 왜 쓰는가

　1930년대 초 유럽의 진보적 문화 풍토는 그것이 세속에서든, 학계에서든, 종교계에서든 공통적으로 아직 사회와 역사에 대해 매우 낙관적이었을 뿐만 아니라 1차 세계대전이 발발하기 전까지는 역사의 진보를 철저히 믿었던 것 같다. 이러한 믿음에 보답이라도 하듯, 과학 기술과 산업이 발달함에 따라 법과 정치, 사회 제도 또한 진보한 듯 보였다. 전제적이고 독재적인 정부가 민주주의 정부로, 종교적·인종적 편협이 관용으로 바뀌어 가고 있었으며, 마치 인류가 더 고등한 형태로 진화한 것처럼 사회 관습과 법률, 가치관도 확실히 점점 더 진보하고 있었다. 이런 진보를 확신했던 이가 조지 오웰(George Orwell)일 것이다.

　오웰은 『나는 왜 쓰는가』(Why I Write)에서 글을 쓰는 동기를 '순전한 이기심', '미학적 열정', '역사적 충동', '정치적 목적'의 네 가지로 제시하였다. 물론 이 동기들은 작가들마다 다른 정도로 존재할 것이며, 한 작가의 경우에도 시기별로나 시대 분위기 별로나 그 정도는 물론 다를 것이다.

　"'순전한 이기심'은 똑똑해 보이고 싶은, 사람들의 이야깃거리가 되고 싶은, 사후에 기억되고 싶은, 어린 시절 자신을 푸대접한 어른들에게 앙갚음을 하고 싶은 등등의 욕구를 말한다. '미학적 열정'은 외부 세계의 아름다움에 대한, 또는 낱말과 그것의 적절한 배열이 갖는 묘미에 대한 인식을 의미하고, '역사적 충동'은 사물을 있는 그대로 보고, 진실을 알아내고, 그것을 후세를 위해 보존해 두려는 욕구를 말한다. 이 욕구 즉 동기는 세상을 특정 방향으로 밀고 가려는, 어떤 사회를 지향하며 분투해야 하는지에 대한 남들의 생각을 바꾸려는 욕구인데, 이것이 바로 '정치적 목적'이다.

오웰은 "어떤 책이든 정치적 편향으로부터 진정으로 자유로울 수 없다고 보고, 예술은 정치와 무관해야 한다는 의견 자체가 정치적 태도라 역설했다." 오웰이 스페인 내전에 참전한 경험을 쓴 『카탈로니아 찬가』는 노골적인 정치적 색채를 보여 주는 대표적 저서이다.

오웰보다는 훨씬 덜 정치적이지만, 이 책 역시 시작부터 마지막까지 직접적 혹은 간접적으로 윤석열에 대한 비판을 담고 있어서 정치적 성격을 띠고 있음을 부인하지는 않겠다. 그리고 이 글을 쓰게 된 직접적 계기가 있었다. 나는 2022년 20대 대통령선거를 위한 민주당 후보 경선 때부터 본선 때까지 이재명 후보의 기본사회위원회 정책 자문단의 일원으로 참여했다. 이즈음은 윤석열 검찰에 의해 (잘 알려진 유명 인사들은 물론이고) 무고한 사람들이 억울한 혐의를 뒤집어쓰고 감옥에 갇혀 있거나 혹은 재판을 받고 있다는 사실의 내막이 서서히 밝혀지고 있었다. 많은 사람들을 만나는 과정에서 검찰에 의해 덧씌워진 무고한 혐의에 대해 제대로 된 억울함도 토로하지 못하는 이들의 분노 혹은 증오를 직접 접할 수 있었다. 이러한 직·간접의 경험이 나로 하여금 다시 글을 쓰게 했다.

20세기 사실주의 소설의 터전을 닦았다고 평가되는 마르셀 푸르스트(Marcel Prust)는 『잃어버린 시간을 찾아서』에서 작가 정신을 이렇게 적었다.

"각각의 인물에게서 가장 대립되는 면을 나타나게 하고 그 입체감을 보여 주기 위해 작가는 마치 공격전에서처럼 지속적으로 힘을 재결집하면서 책을 매우 면밀하게 준비해야 하고, 피로처럼 책을 견뎌야 하고, 규칙처럼 책을 받아들여야 하고, 성당처럼 책을 축조해야 하고, 식이 요법처럼 책을 따라야 하고, 장애물처럼 책을 극복해야 하고, 우정처럼 책을 쟁취해야 하고, 어린아이처럼 책에 과도한 양분을 주어야 하고, 세계처럼 책을 창조해야 하고, 그렇다고 해서 어쩌면 다른 세계에서나 설명을 찾을 수 있는, 또 그 예감이 삶과 예술에서 우리를 깊이 감동시킬지도 모르는 신비로움을 소홀히 해서는 안 된다."

프루스트는 엄밀한 의미에서 작가는 단 한 권의 작품밖에 쓸 수 없다고 주장하면서 파리의 오스만 거리 102번지에서 코르크 마개로 방음벽을 설치하고 낮에는 자고 밤에는 글을 쓰는 칩거 생활의 결과, '20세기 최대의 사실주의 문학적 사건'이라 불리는 『잃어버린 시간을 찾아서』를 탄생시켰다. 만약 푸르스트가 더 오래 살아 이 책에 양분을 주고 취약한 부분을 보강하여 이 책을 좀 더 다듬었다면 지금보다는 더 위대한 작가로 남았을 것이다.

나에게는 프루스트처럼 위대한 작가 정신도 오웰처럼 천부적 자질도 없다. 하지만 나에게도 재능은 있다. 만약 재능의 본질을 '즐기면서 집중할 수 있는 능력'이라 정의한다면 나에게도 그 재능은 있다. 유명한 베스트셀러 작가는 자신의 책에서 이렇게 적었다. 알베르 카뮈(Albert Camus)가 쓴 에세이 『시지프 신화』를 차원 높은 '철학적 횡설수설'로 간주했지만, 나는 강연할 때도, 강의할 때도, 책을 쓸 때도 자주 시지프 신화를 언급한다. 그는 또한 프란츠 카프카(Franz Kafka)에게도 해묵은 '원한'이 있다면서, 카프카의 소설 『성(城)』에 세 차례 도전했지만 한 번도 완독하지 못했다고 서술했다. 하지만 나는 이틀에 걸쳐 이 책을 완독했고, 다음 날 이 책의 서평을 썼다. 카프카의 소설 주인공이 결국 성에 들어가지 못했던 것처럼 나 역시 카프카의 정신세계에까지는 결국 들어가지 못했다. 하지만 그것에 화내고 열등감에 빠지지는 않는다. 열등감은 인생의 기쁨을 갉아먹는 부정적 감정 중에서 단연코 으뜸의 것이기 때문이다. 나는 열등감 대신 '행복', '즐거움'과 같은 평범하면서도 긍정적 정서를 으뜸으로 여긴다.

현대인들은 평범하여 찬란한 삶을 향한 찬사에 너무 야박하리만큼 차가운 시선을 보낸다. 만약 완벽한 부모가 되고자 하는 사람은 자녀에게도 완벽을 요구할 가능성이 크다. 나는 완벽한 부모가 아닌 '그럭저럭 평범한' 부모가 자녀와 가정을 행복하게 할 수 있다고 얘기한다. 나는 28년 6개월을 대학에서 연구하고 가르치며 살았다. 그때는 유명해지고 싶었고, 논문을 잘 쓰는 학자라는 말을 듣고 싶었다. 아마도 인정욕구와 지위 욕구가 나를 지배하고 있었던 듯하다. 지금의 나는 순천 효천고등학교에서 학생들과 수업하고 대화하고 상담하면서 기쁨을 얻는다. 이 정도면 '그럭저럭 평범한' 삶이라 자부하며 행복감을 덤으로 얻는다.

가족들을 제외하고, 나는 그 누구에게도 순천행을 알리지 않았다. 다만, 농사지으면서 좋아하는 일(책 읽고 글 쓰는 일)을 하고자 한다고 말했다. 어디에도 비밀은 없나 보다. 1년쯤 지나 나의 순천행은 주위 사람들에게 알려지기 시작했다. 고등학교에서 윤리를 가르친다는 소문이 돌고 있었던 모양이다. 한 친구가 전화를 걸어 '어이, 이 박사'라고 부르면서, 다짜고짜 어찌 된 상황이냐고 물었다. 다음에 얘기하기로 하고 전화를 끊었다. 그리고 한참 후, 사당동에서 만나자마자, 왜 그런 선택을 했느냐고 돌직구로 묻는다. 이 친구는 마치 정확한 예언을 하지만 아무도 그 말을 믿지 않는 예언자 카산드라처럼 '평범함'은 덧없는 것이고 결코 마음의 평화를 누릴 수 없다는 듯 횡설수설하면서 마치 모든 것을 알고 있다는 듯이 나를 가르치려 한다. 그 친구의 한마디 한마디의 말은 나로 하여금 로또에 당첨된 후 인생이 망가진 사람들에 대해 얘기하는 것과 같은 비참한 기분이 들었다. 이후 얘기는 생략한다. 담배를 꺼내 깊이 한 모금 들이킨 후 내뱉고 나서야 잠시나마 가슴이 시원해짐을 느낀다. 순천으로 돌아와 짐을 풀고 나서 핸드폰에 저장된 친구의 전화번호를 차단했다. 분이 안 풀려 아예 삭제해 버렸다.

이럴 때마다 나는 평범하여 찬란한 삶을 강조한 몇몇 위대한 사상가들을 떠올린다. 극단을 경계하고 중용을 추구했던 아리스토텔레스와 마르쿠스 아우렐리우스는 '평범하고 그만하면 괜찮다는 마음을 존중해야 한다'고 강조했을 뿐만 아니라 이것을 사상의 대원칙 중 하나로 삼았다. 나 역시 이 글을 선의를 가지고 썼다고 자신 있게 말할 수 있다. 더 나아가 내가 글을 쓰는 이유 중의 하나는 이런 나의 마음을 알아주기를 간절히 바라는 선의도 작용했을 것이다. 즉 평범하고 그만하면 괜찮은 삶은 헛된 야망의 실현이나 비겁한 타협이 아니라 타인을 다른 시선으로 바라보려는 나의 노력이라는 것을. 더 나아가 요란스러운 성공 뒤에 밝히기 곤란한 것들에 관심을 가지려는 나의 의지라는 것을 알아주었으면 하는 간절한 마음 때문에 오늘도 여전히 글을 쓴다.

이런 간절한 마음은 내가 느끼는 행복이라는 관점으로 이어진다. 버트란드 러셀(Bertrand Russell)은 "행복(幸福)은 드물게 많은 노력이 필요하지 않은 경우(상속받은 풍족한 재산에 건강한 신체, 소박한 취미, 낙천적 기질을 가진 사람 등)가 있기도 하지만, 대부분의 행복은 마치 무르익은 과실처럼 운 좋게 저절로 입안으로 굴러 들어오는 것이 아니다"라고 보고, 자신의 저서도 『행복의 정복』이라는 제목을 붙였다. 그러므로 "행복은 신이 베푸는 선물이 아니라 어렵게 쟁취해야만 하는 대상이고, 행복을 쟁취하기 위해서는 내적으로나 외적으로 엄청난 노력을 해야 한다"라는 견해를 밝혔다.

하지만 대부분의 사람들은 부자가 아니다. 또한 많은 사람들은 낙천적인 기질을 타고나지 못한다. 많은 사람들이 불안한 열정을 가지고 있어서 조용하고 규칙적인 생활은 참을 수 없이 지루하다고 느낀다. 인생의 마지막까지 건강이라는 축복을 유지할 수 있다고 장담할 수 있는 사람은 아무도 없다. 또한 결혼 생활이 늘 행복이 솟아나는 원천이 되는 것도 아니다. 또한 피할 수 있는 불행, 피할 수 없는 불행, 병, 정신적 갈등, 투쟁, 가난, 그리고 악의로 가득 찬 세상에서 살아가야 하는 이들도 있다.

내가 전하고자 하는 행복은 나의 손길이 닿지 않은 곳이 아닌 지금, 여기, 가까이에 있음을 스스로 인식하도록 안내하는 것이다. 이것은 마치 마리나 반 주일렌(Marina van zuylen)이 역설한 "평범한 삶이 오히려 찬란한 삶"이라는 깨달음, '그만하면 됐다'라고 말할 수 있는 여유, 이카로스는 너무 높게도, 너무 낮게도 날지 말라는 아버지의 충고를 따르지 않아 바다에 빠졌지만, '나였어도 그랬을 것 같아'라는 자기 위안과 만족, 쇼펜하우어가 "우리의 삶은 욕망이 충족되는 순간 만족감을 얻지만 이내 권태에 빠지고 만다"라고 설득할지라도, 한 번쯤은 자신의 욕망을 추구해 보는 도전정신, 타인의 차가운 시선을 두려워하지 않고 자신의 의지를 굽히

지 않는 용기, 자신이 하는 일에 만족하며 자신의 성취를 동료, 학생들과 기꺼이 함께 나눌 수 있는 배려의 정신 등을 함께 공유하고 싶은 소박함에서 비롯되었다.

조지 오웰은 "책을 쓴다는 것은 고통스러운 병을 오래 앓는 것처럼 끔찍하고 힘겨운 싸움이다. 거역할 수도 이해할 수도 없는 어떤 귀신에게 끌려다니지 않는 한 절대 할 수 없는 작업"이라 했다. 피천득은 수필집 『인연』에서 "좋은 산문은 유리창과 같다"라고 썼다. 한나 아렌트는 『예루살렘의 아이히만』에서 "저 엄청난 절대 악의 현상은 평범성, 즉 생각하기의 무능, 말하기의 무능, 판단하기의 무능에서 비롯된다"라고 주장했다.

내가 글을 쓰는 동기는 조지 오웰의 처절함도, 피천득의 유리창과 같은 투명함도, 한나 아렌트의 무능에서 비롯된 평범성을 밝히려는 노력은 더더군다나 아니다. 하지만 자기만의 개별성을 지우려는 부단한 노력만이 읽을 만한 글을 쓸 수 있다는 것만은 알고 있다.

## 2. 사랑은 꿈속에서의 영롱한 색채로
   잠시 다가왔던 것임을…

한 쌍의 남녀가 전망 좋은 카페에서 서로의 눈을 마주 보며 손을 잡고 미소 지으며 소곤거리는 모습은 언제 봐도 아름답고 사랑스럽다. 서로 이야기를 나누면서, 남들은 관심을 느끼지 않을 이야기를 하면서 느꼈을 젊은 날의 행복감과 즐거움은 마치 영원할 것처럼 아름답게 느껴질 것이다.

요크빌대학교 피비 가네(Faby Gagne) 교수의 연구 논문에 따르면 사랑에 빠진 사람의 95퍼센트는 자기가 사랑하는 사람의 외모, 지능, 인정, 유머 감각이 평균보다 높다고 믿는단다. 이는 예전에 사랑했지만 지금은 헤어진 사람에 대한 평가, 즉 마음이 편협하고 정서적으로 불안정하며, 전체적으로 기분이 나쁘다는 내용과 뚜렷하게 대비된다. 사랑의 밀어를 나누는 두 사람도 가네 교수의 연구 결과와 크게 다르지 않을 것이다. 둘 다 달콤한 자기만족의 환상에 빠져 서로는 모든 점에서 완벽한 연인이라고 생각할 것이다.

우리가 느끼는 사랑은 일상의 삶과 따로 떨어져 있지 않다는 것이다. 사랑은 욕망이라는 보다 큰 대가족의 구성원이다. 스토니브룩대학교의 심리학자 아서 아론(Arthur Aron) 교수는 기능성자기공명영상(MRI) 장비로 관찰할 때 터질 듯한 사랑의 격렬한 감정을 경험하는 사람의 뇌는 여러 가지 면에서 코카인을 흡입해 황홀경 속으로 빠져드는 사람의 뇌와 비슷하다고 주장한다. 신경과학자인 자크 판크세프(Jaak Paneksepp)는 사랑하는 사람과 함께 있을 때 느끼는 쾌락은 아편 중독과 비슷하다고 주장한다. 각각의 경우 모두 사람은 자기 삶 전체를 장악하는 어떤 욕망에 사로잡힌다. 금지의 족쇄가 풀려 버리고 욕망의 대상이 되는 존재는 아무리 떼어내려고 해도 떨어지지 않는 강력한 접착의 대상이 된다.

류시화 선생이 엮은 인디언 연설문집인 『나는 왜 너가 아니고 나인가』에는 아메리카 인디언의 한 부족인 콰키우틀족의 19세기 시 한 편이 실려 있는데, 카페의 두 연인이 경험하는 달콤하고도 격정적인 감각을 잘 포착해 준다.

> 수많은 불길이 내 육신을 타고 흐르니 / 당신을 사랑하는 고통이오. 고통이 당신을 향한 내 사랑의 불길들로 내 육신을 타고 흐르니 / 당신을 향한 내 사랑으로 현기증이 내 육신에 스멀거리고 / (…) /당신을 향한 내 사랑으로 고통은 금방이라도 터질 것처럼 부글부글 끓으니 / 당신이 내게 한 말을 나는 기억하오. / 나를 향한 당신의 사랑을 나는 생각하노니 / 나를 향한 당신의 사랑에 나는 갈기갈기 찢기우오.

하지만 어느 시점에 이 두 사람에게 이 즐거움과 행복감이 사라지고 그 모든 것이 이제는 과거의 추억으로 남았다고 가정해 보자. 두 사람은 속으로 억누르지 않고 마음껏 돌이켜 생각할 것이다. 그 무엇과도 비할 데 없는 행복이 사라졌으므로 어둠에 잠긴 고요한 행복의 무덤에서 그 흔적을 지우는 격정은 이루 헤아리기 어려울 것이다.

대다수의 사람은 깨어나기 직전의 꿈속에서처럼 새벽의 영롱한 색채로 날개를 반짝이며 잠시 다가왔던 것이 사랑이었음을, 상대의 이미지가 저항할 수 없는 대낮의 당당하고 무자비한 햇살에 의해 추방되었을 때 상대가 흐느끼며 작별을 고한 것이 사랑이었음을 그때서야 깨닫는다.

사랑의 기본의미는 '다른 사람을 애틋하게 그리워하고 열렬히 좋아하는 마음, 또는 그런 관계나 사람'이다. 사랑의 유래에 대해 최초의 향가 해독자인 양주동 박사는 생각하고 헤아린다는 뜻의 한자어 '사량(思量)'에서 유래한 것이라 주장했는데, 이 주장을 지배 학설로 받아들인다고 한다. 다만, 유래에 대해서는 여러 의견이 있음을 밝혀 둔다.

플라톤은 사랑의 단계와 종류를 4단계로 제시한다. 육체적 사랑(Eros,), 도덕적 사랑(Philia), 정신적(신앙적) 사랑(Stergethron), 마지막 단계인 무조건적인 사랑(Agape)이다. 플라톤은 "사랑(에로스)이 스치면 모두가 시인이 된다는 시적 표현을 통해 사랑의 중심은 육체적 사랑이지만 서서히 무조건적 사랑으로 발전해 간다"고 보았다. 보통의 사람들은 이타적 사랑을 의미하는 아가페와 이기적 사랑인 에로스로 나누기도 한다.

예수는 베드로에게 자신을 사랑하는지를 세 번 물어보았다고 한다. 그때마다 베드로는 도덕적, 정신적, 무조건적 사랑을 각각 대답하였다고 주장하기도 한다. 다만 한글로 옮기면서 '무조건적 사랑'이라는 한 단어로 번역되었다고 주장하는 이도 있다.

에리 프롬은 『사랑의 기술』에서 "사랑도 밥과 같은 것이라서 지속해서 충족되지 않으면 결핍으로 인한 장애가 나타날 수 있다"고 보았다. 맞다. 흉악범들은 어린 시절 부모나 친척, 이웃의 사랑을 받지 못했다는 전문가들의 얘기와 일맥상통한다. 사랑 중의 으뜸인 부모님의 사랑, 친구들과의 우정, 연인들 간의 사랑을 많이 주고받으면 받을수록 좋은 밥을 많이 먹는 것처럼 정신적으로 건강해질 수 있다.

스턴버그(Sternberg)는 친밀감, 열정, 헌신의 세 가지를 결합한 사랑의 삼각형 이론을 주장했다. 스턴버그는 친밀감+열정(낭만적 사랑)의 결합은 로미오와 줄리엣과도 같은 관계이고, 열정+헌신(얼빠진 사랑)의 결합은 그냥 일방적인 짝사랑일 가능성이 높고, 헌신+친밀감(우애적 사랑)의 결합은 딱히 불타오르지 않는 오래된 부부에 해당한다. 친밀감+열정+헌신(성숙한 사랑)은 친밀감, 열정, 헌신의 삼위일체로, 각각의 결함을 보완한 사랑이다.

사랑은 문학작품에서, 각종 뮤지컬, 각종 드라마와 영화 및 대화에서 빼놓을 수 없는 핵심 주제 중 하나이다. 사랑에 푹 빠져 있는 사람은 완벽한 사랑을 꿈꿀 것이다. 하지만 완벽한 사랑을 체험하려면 인간이 경험할 수 있는 모든 감정을 맛보아야 한다. 그 이유인즉, 자신이 이해하지 못하는 것에는 연민을 느낄 수 없으며, 자신이 한 번도 체험해 보지 못한 감정을 다른 사람이 품고 있을 때는 용서할 수도 없다. 그러므로 영원히 밟아 가는 여행의 단순함과 그 외경스러운 위대함을 함께 바라보아야 한다. 인간의 영원한 목표 중 하나인 완벽한 사랑을 위해서는 그 모든 것을 체험하는 것 외에 달리 방법이 없다고 감히 주장해 본다.

인간은 사랑을 느낄 때 호르몬 활동이 강해진다. 특히 사랑에 빠지게 되면 뇌에서 페닐에틸아민이 제일 먼저 분비되고, 그 외에도 페로몬, 도파민, 노르에피네프린, 세로토닌, 옥시토신, 바소프레신 등 여러 화학 물질들이 분비된다. 사랑하는 사람과 껴안거나 단순히 애인의 사진을 보는 것만으로도 체내에서 옥시토신이라는 호르몬이 분비되어 두통에 대한 진통제 역할을 한다. 하지만 이 페닐에틸아민의 분비는 유통 기한이 있어서, 일반적으로 2년을 넘기지 못한다. 이것도 개인차가 있어서, 상당수는 3개월이면 끝이 나고 좀 길게 가는 경우는 3년까지 간다. 둘이 동시에 불꽃이 튀었다가 한 사람은 3개월에 끝나고, 다른 한 사람은 2년, 3년을 가면 그때부터 비극이 생긴다는 의미이다. 이 짧은 기간 동안 각성제인 페닐에틸아민에 절어 있던 뇌는, 이 기간이 지나면 다시 정신 줄을 잡게 된다. 이 짧은 기간에 상대와의 유대, 친밀감을 쌓고 다져야 한다. 이때를 잘 지낸다면 잉꼬 커플이 되는 것이고, 호르몬의 약발이 떨어지면 들뜬 상태가 한순간에 가라앉아 권태기에 빠지게 된다는 해석도 가능하다. 하지만 걱정할 필요는 없을 것 같다. 왜냐하면 페닐에틸아민의 분비가 줄어들면 옥시토신이 활발하게 분비되면서 서로에게 편안함을 느끼는 상태로 전환되기 때문이다.

편안함을 느끼는 상태가 되면 '친구 같은 사랑(storge)'으로 전환된다. '친구 같은 사랑'을 의미하는 스트로게(storge)는 에로스나 루두스처럼 자극적이거나 열정이 아닌 친구로서 알게 되는 과정을 더 중요시하는 사랑이다. 이런 상태에서 부부가 매일 한 공간에서 생활하지만, 한 상대방이 다른 상대방을 성별이 없는 단순히 지인으로 대한다면 결국 파국을 맞게 된다. 스트로게의 극한값은 마치 여왕벌이 없는 벌집처럼 생명력이 없는 것과 마찬가지다. 이런 상태의 부부는 아마도 본전 생각이 나게 하는 사랑이지 않을까 싶다.

그렇다면 운명적 사랑은 환상인가? 아니면 실재하는 현실인가? 만약 여러분에게 묻는다면 환상과 실재하는 현실 중 어느 편에 서겠는가? 나는 존재한다고 믿는다. 만약 그 반대편이라면 해피엔딩이 아닌 불행의 종말이 대기하고 있을 것이다. 톨스토이의 장편 소설《안나 카레니나》의 주인공 안나와 브론스키의 사랑이 이에 속한다. 브론스키는 안나의 개성 넘치고 생기발랄하고 빛나는 아름다움에서 운명이라는 사랑을 시작하지만, 너무 일찍 안나에게서 아름다움이 사라지면서 시들고 초라해져 가는 모습에서 환멸을 느끼게 된다. 이때 이미 안나의 운명은 비극적인 죽음으로 예정되어 있었다는 상상을 자아낸다.

재니스 에이브럼스 스프링(J. A. Spring)은 저서 『운명이라 믿었던 사랑이 무너졌을 때(After the affair)』에서 존재론적 고통을 이렇게 표현한다. "누군가에게 푹 빠진다는 것은… 자신과 파트너가 운명이 정한 짝이라고, 그 누구도 자기만큼 파트너를 행복하게 해 줄 수 없다고. 둘이 함께 가장 중요하고 절대 깨지지 않을 관계를 만들었고 다른 사람은 이 관계를 공유하거나 해칠 수 없다고 확신하는 것이다. 외도는 순진무구한 환상, 우리의 결혼은 특별나고, 나는 유일무이하고 상대에게 소중한 존재라는 환상이 끝났다는 의미이다."

아니면 운명적 사랑도 진화하고 발전해 가는 것은 아닐까?라는 생각과 함께 조정래의 소설 《인간연습》의 한 장면이 떠오른다. 빨치산 출신의 장기수였던 주인공 윤혁은 보육원 최 원장의 편지를 받고 대전으로 내려가 새로운 삶을 시작한다. 자신의 수기를 읽고 기꺼이 초대해 생활의 터전을 제공한 동년배의 여성 원장. 윤혁의 입장에선 잠을 이루지 못한다. "잠을 자면 선물 받은 예쁜 인형이 달아나 버릴까 봐 뜬눈으로 꼬박 밤을 새우는 동화 속의 소녀처럼 잠을 이루지 못한다."

이제 인간은 사랑이라는 새로운 의미망 속에서 새로운 모습으로 부활해야 한다. 인간 스스로 불완전함을 인정하고 평등하고 행복한 사랑을 영위하기 위해서는 그만한 단련 즉 '연습'이 필요한 존재라는 사실을 인정하지 않을 수 없다. 그래야만 사랑은, 꿈속에서 영롱한 색채로 잠시 왔다 가는 것이 아니라 그대 곁에 영원히 머물러 있을 것이다.

# 3. 누군가의 삶은 누군가에겐 풍경이 된다

'인생'이라는 기나긴 여행에서 인간의 오감(五感) 중 가장 중요한 감각은, 단연코 무언가를 보고 깨닫게 해 주는 '시각(視覺)'이 아닐까 싶다. 하지만 우리 인생은 보고 느끼다 보면 싫증을 느껴 새로운 무엇을 갈구하기도 하지만, 그 시선의 대부분은 자기 자신이나 혹은 주변 사람들의 삶 속으로 돌려지기 마련이다.

며칠 전, 집 옆 공원 벤치에 앉아 휴식을 취하고 있었는데, 이제 막 걸음마를 시작한 듯한 아이가 아빠와 고무공 놀이에 무척 즐거워하며 이리 뒤뚱 저리 뒤뚱거리는 모습이 어찌나 귀엽고 예쁜지 그 모습에 흠뻑 빠져들었다. 이럴 때면 간혹 나도 모르게 '나'라는 존재에 대해 과몰입하는 버릇이 있다. 그 순간 스쳐 가는 과거의 필름은 몰입 정도에 따라 다르다. 오늘의 과거 필름은 어린 시절로 돌려졌다. 소싯적 동네 친구들과 구슬치기에서 많이 잃어서 흥미를 잃었는데, 때마침 날 부르는 엄마의 목소리가 어찌나 반가웠던지…. 그 순간 고무공이 내 앞으로 굴러온다. 살포시 미소를 지으며 공을 던져 주고 벤치에서 일어났다.

살다 보면, 수많은 사람과 만나고 헤어진다. 원해서 만나기도 하지만 전혀 원치 않음에도 어쩔 수 없는 만남도 있다. 만남이 모두 즐겁고 행복한 것이 아니듯, 헤어짐은 슬픔과 아픔을 수반하기도 하고 또한 진한 아쉬움을 남기는 경우가 대부분이다. 영원한 헤어짐이 새삼스럽게 다가오는 것은 요즘이다. 최근 3년 동안 내가 겪은 헤어짐은 깊은 상처로 남아 아직도 허공을 헤집는 듯하다. 아버지와 장모의 죽음은 어느 정도 예견된 것이어서 담담하게 장례를 치를 수 있었다. 하지만 비록 예견된 것이었다 할지라도 바로 손아래 남동생과 이번 외사촌 여동생의 죽음은 남다르다. 2024년 4월 9일 2교시 수업을 마치고 핸드폰을 열어보니 외사촌 여동생의 남편이자, 고향 동네 친구로부터 카톡에 '사랑하는 아내 ○○○가 사망하였음을 삼가 알려 드립니다.', 가족 카톡에도 똑같은 부고가 띄워져 있다. 오랜 암 투병 끝에 고통스러운 삶을 마감한 것이다.

그날 저녁 급히 KTX를 타고 서울 집으로 향했다. 어두운 차창에 비치는 내 모습을 보았다. 쌩뚱맞게 '죽음'이란 글귀가 차창에 인두로 아로새겨진 듯 좀처럼 사라지지 않는다. 톨스토이의 소설《안나 카레니나》에서 안나의 죽음이 열차와 겹쳐지면서 묘한 감정선이 차창에 그어지는 느낌이 들었다. 소설 속 주인공 '안나'는 불륜의 주인공 브론스키를 처음 만난 장소인 기차역에서 자신이 가야 할 곳을 찾아내고야 만다. 안나의 죽음은 '복수로서의 죽음'이다. 복수에 대한 강한 집착은 한 인간을 그토록 강하고 모질게 만드는 것인지도 모른다. 안나의 최후 장면을 그대로 옮겨본다. 그래야만 그때의 감정선이 되살아날 듯싶다.

> '나는 어디에 있는 것일까? 무슨 짓을 하고 있는 것일까? 무엇 때문에?' 안나는 몸을 일으켜 뒤쪽으로 물러서려고 했다. 그러나 뭣인지 알 수 없는 거대한 것이 인정사정도 없이 안나의 머리를 한 번 부딪치고 그 등을 붙잡고 질질 끌고 갔다. '하느님 저의 모든 것을 용서해 주옵소서!' 안나는 저항이 헛된 일임을 느끼면서 재빨리 말했다.

안나는 자신이 열차에 몸을 던져 죽음으로서 브론스키를 응징하고, 남편과 가족들을 괴로움 속으로 밀쳐 내고, 그럼으로써 타인들의 시선으로부터 벗어날 수 있었으리라 믿었을 것이다. 이런 어리석은 죽음이 오늘따라 애처롭게 느껴지는 것은 무엇 때문일까?

진화 생물학에서는 인간이란 '생물'이 서로에게 강한 매력을 느끼는 기간이 길어야 2년에서 3년 정도에 불과하다고 얘길 한다. 이는 인간에게 오래 지속되는 사랑, 영원한 사랑이란 존재하지 않는다는 것을 증명이라도 하듯이…. 그렇다면 영원한 사랑은 고작 소설이나 영화에서만 존재하고, 현실에선 결코 있을 수 없는 일이라는 현실을 고스란히 받아들여야만 한다는 말인가! '사랑'은 철학은 물론이고 문학, 예술작품의 고귀한 주제가 아니던가! 만약 사랑이 생물학적 조건에 종속된다면 이 얼마나 슬프고 한스러운가. 더더군다나 우리를 슬프게 하는 것은 사랑의 열정과 환희의 지속시간이 짧음일 것이다. 그래서일까. 톨스토이는 《인생이란 무엇인가》에서 사랑을 이렇게 표현한다.

미래의 사랑은 없다.
사랑이란 언제나 지금 현재의 행위이다.
사랑을 지금 보여주지 않는다면 사랑을 갖고 있지 않은 사람이다.

이희인은 《인생이 묻고, 톨스토이가 답하다》에서 굳이 죽음의 종류를 다음과 같이 분류하여 적고 있다. 슬픈 죽음, 끔찍한 죽음, 안타까운 죽음, 다행인 죽음, 내가 아니라서 다행인 죽음, 나에게는 아직 멀리 떨어져 있는 죽음, 나에게 긍정적으로 작용하길 바라는 죽음, 내 즐거운 일을 방해하지 말았으면 하는 죽음, 그리하여 귀찮은 죽음, 불결한 죽음 등으로 (…). 그렇다. 누군가의 삶에 불현듯 다가온 죽음이 누군가에겐 어느덧 풍경이 되어 망자에 대한 슬픔과 연민이 이질감과 경계심을 넘어 귀찮음과 불결함 쪽으로 옮겨 가고 있는 것은 아닐까?

인간의 삶의 모습은 실로 다양하다. 예컨대 A라는 사람이 특별한 성격적 결함이나 예기치 않은 사건에 휘말려 '블라블라한' 과정을 거쳐 어찌어찌 되었다는 인위적 플롯의 이야기처럼 혹은 소설의 명장면을 장식한 주인공처럼 주변 사람들의 안타까움을 자아내는 죽음을 맞이한 사람은 행복한 죽음이라 할 수 있다.

만약 죽음이 더 이상 타인이 아닌 자신의 일이 될 것임을 통보받은 사람은 어떤 마음일까? 죽음을 앞둔 사람의 심리적 변화가 무척이나 궁금해진다. 정신과 의사 퀴블러 로스는 인간의 죽음에 관한 연구에 일생을 바친 것으로 유명하다. 그는 수많은 암 환자들을 관찰한 끝에, 시한부의 삶을 통보받은 환자가 이를 받아들이는 과정을 '부정, 분노, 타협, 우울, 수용'이라는 5단계로 설명한다. 물론 이 순서는 모든 사람에게 일괄적으로 적용되는 것은 아니지만 말이다.

다음 날 늦은 저녁, 순천으로 돌아와 침대에 누웠지만 잠이 오질 않는다. 담배에 불을 붙였다. 그리고 노트북을 켰다. 그동안 겪었던 이별의 영향 때문인지 집중이 되질 않았다. 토머스 캐스카트의 『누구를 구할 것인가?』란 책을 꺼내 펼쳤다. 이 책의 첫 주제는 영국의 철학자 필리파 풋이 1967년 고안한 "전차문제(The Trolley Problem)"이다. 전차문제는 소크라테스 이후의 철학자들이 늘 해오던 식으로 질문 위에 질문을, 질문 속에 질문을 제기했으며, 전 세계 심야 토론의 주제가 되기도 했다. 애초의 전차 문제의 핵심은 간단하다.

"브레이크가 듣지 않는 전차 앞에 다섯 명이 서 있다. 기관사는 선로를 유지하여 다섯 명을 치어 죽일 수도 있고, 다른 선로로 틀어 한 사람만 치어 숨지게 할 수도 있다. 기관사는 사람이 적은 선로로 방향을 틀어 다섯 사람 대신 한 사람을 죽여야 할까?"

이 간단한 문제 제기를 다양한 방식으로 풀어 가는 재미가 있었을 때가 있었다. 사람들에게 조금 엉뚱하긴 하지만 매혹적이고 흥미진진하면서도 기발한 철학적 퍼즐에 불과했던 전차 문제를 가지고 '윤리학'이란 강좌의 수업을 진행하면서 때론 웃고 찡그리고 재질문하면서 곤혹스러워하는 학부생들을 놀리면서 즐거운 미소를 지었던 몇 년 전이 문득 떠올랐다. 이제야 가슴이 진정되면서 잠을 잘 것 같은 느낌이 든다.

다시 침대에 누웠다. 흐릿한 천장을 바라본다. 그리고 손가락으로 세어 본다. 스스로 이성적으로 판단하고 행동하고, 주위 사람들을 사랑하고, 기쁠 땐 웃고, 슬플 땐 같이 눈물 흘리면서 살아갈 날이 얼마나 될까를. 톨스토이 단편에 남겨진 글귀처럼 '미래의 사랑이 아닌 현재의 사랑에 충실히면서 더 아끼고, 하고 싶은 일을 내일로 미루지 않고 하루하루 충실하게 살아가다 보면, 나의 삶이 또 다른 누군가에겐 그리움이나 아쉬움의 풍경으로 가슴에 아로새겨질 수 있겠지'라는 멋진 상상을 해 본다.

# 4. 그런 삶은 먼 타향에서나 가능하지 않을까

　전 서울대학교 이면우 교수는 저서 『신사고 이론 20』에서 사회발전을 저해하는 세 가지 공적(公敵)을 제시했다. 첫째 무식한 자가 전문적인 경우, 둘째 무식한 자가 소신을 가진 경우, 셋째 무식한 자가 부지런한 경우로 분류했다. 위 세 가지가 의미하는 바를 정리하자면, 무식한 리더가 신념을 갖고 부지런할수록 그 조직이나 사회발전은 요원하다는 의미일 것이다. 역으로, 리더가 무식하면서 동시에 신념도 의지도 상식도 공정함의 기준도 없고, 더더군다나 게으르다면 그 사회의 미래는 더욱더 암울해질 것이다. 불현듯 세 가지 공적이 머리를 스친 것은 우연일까? 아니면 우연을 가장한 의도일까? 간혹 이런 쓸데없는 상념으로 머릿속을 채우는 나쁜 버릇이 나에겐 있다.

　시대는 변한다. 물론 여기에 맞춰 시민들의 사고방식도 변한다. 또한 우리가 살아가고 있는 지금의 환경 역시 급변하고 있다. 여기에 적응하기 위해 또는 변화를 주도하기 위해 밤낮을 바꿔가며 새로운 시도를 하는 사람들이 있다. 하지만 7~80년대식 사고로, 정보혁명 시대를 대처하려 한다면 어떤 문제가 발생할까? 이러한 사고를 하는 사람이 만약 일국(一國)의 지도자라면….

　20세기 말에 '내 탓' 운동이 전개된 적이 있었다. "내 탓이오. 내 탓이로소이다". 하지만 이 운동은 성직자와 성당의 벽을 넘어 사회운동으로까지 지속성을 띠지 못했고, 지금은 아득한 옛일처럼 느껴지는 것도 사실이다. 우리도 한 번쯤은 '내 탓이다'라고 외쳐보거나 마음에 새겨 보면 '좋겠다'라는 생각과 함께 허리를 잠시 펴 본다.

임은정 검사는 『계속 가보겠습니다』에서 '당나라 태종의 지혜 중 하나인 3가지 거울'을 소개했다. 이 3가지 거울은 지도자라는 인간이 지녀야 할 가치로서 매우 중시된다. 먼저, 동으로 거울을 삼아 의관(옷매무새)를 바로잡고, 역사를 거울로 삼아 흥망을 헤아리며, 사람을 거울로 삼아 득실(또는 잘못)을 살펴야 한다는 것이다.

현대 중국 인민들이 진시황과 모택동 다음으로 추앙하는 인물이 당나라 태종 이세민이란다. 당 태종이 군주가 지녀야 할 리더십 혹은 '지혜의 덕'으로 제시한 3가지 거울은 현대 국가 지도자들에게 시사하는 바가 매우 크다. 이를 현대적으로 감히 해석해 보자면, '동으로 거울을 삼아 옷매무새를 바로잡는다'는 것은 아마도 초심(初心)을 강조한 것일 테고, '사람을 거울로 삼아 득실을 살펴야 한다'는 것은 모든 가치 판단의 기준이 인간이라는 '인간중심주의'적 사고 혹은 인간의 존엄성을 강조한 것일 테고, '역사를 거울로 삼아 흥망을 헤아린다는 것'은 역사를 거울로 삼아 어떤 길로 나아갈 것인가, 더 나아가 사람들의 충고를 들어 자신의 잘잘못을 고칠 지혜를 얻는다는 의미라 생각된다. 작금의 대한민국 여기저기에서 들려오는 대통령과 정부에 대한 비난의 목소리에 겸허하게 위 세 가지를 되새기면서 자신들을 되돌아보는 계기가 되었으면 한다.

『논어』에는 이런 구절이 있다. "남이 나를 알아주지 아니하여도 성내지 아니하니 군자가 아닌가!" 남이 나를 알아주지 않은 것은 내 인생이 범부(凡夫)의 삶이었다손 치더라도 성내지 아니함은 이성을 가진 인간의 참모습이라 할 수 있겠는가?

대한민국에서 범부로 살아가는 것도 힘들지만, 지식인이라는 타이틀을 머리에 이고 사는 것은 더욱 힘들다. 이건 마치 제우스에게 대항했다가 패하고 그 벌로 하늘을 짊어지는 벌을 받았던 '아틀라스'와 같은 형국이다. 대한민국의 국민들에게 얼마나 더 막중한 책임과 의무를 지우려는지 그 깊이를 헤아릴 수 없다.

나의 대부분의 글이나 책에서는 1인칭을 되도록이면 생략한다. 이 책은 자기중심적이라는 면에서 다른 책과는 매우 다른 면이 있다. 다시 말하면, 1인칭을 사용하지 않더라도 '나'의 강한 주장과 신념이 반영되어 있어 굳이 타자를 떠올릴 필요가 없다는 의미이다. 예컨대, 우리는 다른 사람과 이야기할 때, 말하는 사람이 1인칭 즉 '나'라는 사실을 잊어버리는 경우가 간혹 있다. 어린 시절 할머니가 들려주던 '옛이야기'도, 강의할 때 사용하는 언어도, 친구와 대화할 때 사용하는 언어 역시 주체는 '나'라는 사실을 잊어버리면 안 된다. 헨리 데이빗 소로우는 『월든: 마음의 안식처』에서 작가들에게 이렇게 부탁한다. "어디선가 주위들은 타인의 삶에 의존하지 말고 자신의 삶에 대해 소박하고 진실한 이야기를, 먼 곳에 사는 친지에게 들려줄 법한 이야기를 해 달라고."

그렇다. 한 국가의 대통령이 지금까지의 삶이 성실했다고 자평한다고 치자. 다른 사람이 보기에는 전혀 그렇지 않은데도 말이다. 그러면 가장 온화한 목소리로 '그런 삶은 먼 타향(미국이나 일본)에서나 가능하지 않겠어요.'라고 말해야 하지 않을까? 옷은 자신의 몸에 잘 맞아야 좋은 법이다. 굳이 솔기를 잡아 늘이면서 맞지 않은 옷을 억지로 입을 사람은 없을 것이다. 자신만큼 자신을 잘 아는 사람은 없다. 이 책 역시 마찬가지다. '나'라는 1인칭을 계속 사용하지 않더라도 이런 의미가 내포되어 있다.

# 5. 사과, 용서, 반성, 책임

'사과'는 어떤 사람이 잘못을 스스로 인정하고 용서를 비는 것이다. 따라서 '사과'는 잘못을 행한 가해자의 의무이지 선택이나 권리는 아니다. '용서'는 꾸짖거나 벌을 주지 않고 너그럽게 살펴 이해하는 것이므로, '용서'는 피해자만이 행사할 수 있는 권리이다. '반성'은 자기 언행에 대해 잘못이나 부족함이 없는지 돌이켜 살펴보는 것인데, 잘못에 대한 뉘우침으로 해석해도 될 듯싶다. 반성은 용서의 전제조건이 된다. '책임'은 맡아서 행해야 할 의무나 임무라는 의미이지만, 법률상으로는 불이익 또는 물리적 제재(制裁) 즉, 위법한 행위를 한 사람에 대한 법적인 제재를 의미한다. 이를 중요하게 여기는 마음이 곧 책임감(責任感, sense of responsibility)이다.

그렇다면 책임을 묻는 주체는 누구여야 하는가? 과연 책임의 원칙은 있는가? 책임의 한계는 어디까지이며, 책임은 어디에서 비롯되는가? (…) 이러한 상념들이 머릿속을 짓눌러 잠을 청하지 못하는 밤이 오늘도 이어진다. 책임은 자신의 생각이나 의견(자의, 自意)에 따른 행동의 부산물이어서 책임을 따져 보기 위해서는 책임을 부담해야 할 당사자가 자의적 의지를 행사했다는 점이 전제되어야 한다. 행동의 당사자에게 책임이 발생하기 위해서는 자유라는 권리가 주어져야 하며, 자유가 권리라면 책임은 권리행사에 따른 의무나 마찬가지가 된다. 따라서 자유와 책임은 곧 권리와 의무 관계와 비슷하다.

개인주의와 자유주의는 개인의 의사 선택에 자유를 부여하고, 개인의 행복을 추구하는 것을 이론의 중심 내용으로 한다. 그러므로 자신의 자유로운 의지 행사로 인해 타인이 자유로운 의지 행사가 침해받으면 당연히 책임이 뒤따른다.

개인주의와 자유주의는 자신뿐만 아니라 타인도 똑같은 권리를 보장받는다. 즉 자유라는 권리를 보장하는 대신 행동의 결과가 타인에게 위해(危害)를 끼칠 경우, 책임소재를 분명히 가려 그 결과에 따른 보상이나 배상의 의무가 발생한다. 이때는 책임을 묻는 주체가 '법'이다. 간혹 자신의 의지와 상관없이 지켜야 할 규정대로 행동해서 문제가 발생한 경우라면 책임을 면제받게 된다. 이런 경우, 도덕이나 양심 등이 책임의 당사자로 등장하게 되며, 더더욱 책임감이 요구되는 바가 여기에 있다.

인간에게는 덜 착한 본성과 더 착한 본성이 함께 '공존하고 있다'는 느낌을 지울 수 없다. 어느 순간 덜 착한 본성이 나타났다가 홀연히 더 착한 본성이 나타나기도 한다. 진짜인 것과 가짜인 것이 수시로 교차하는 것과 똑같다.

진짜는 단순하다. 정의의 여신 디케(DIKE)는 눈을 가린 채 저울을 들고 있다. 권력과 재력의 많고 적음에 관계없이 죄의 무게에 합당한 처벌을 하기 위함이다. 그렇게 했다면 진짜이고 이것이 정의다. 그런데 온갖 부정을 저질러 감옥에 있거나 재판 중인 정치인 혹은 기업인들을 국민 대통합과 국가 경제 발전을 위해 풀어 주자고 주장하거나, 고문 기술자로 악명 높았던 공안 경찰이 훗날 목사 안수를 받고 "주님께서 용서해 주셨습니다!"라고 간증했다고 치자. 이것은 가짜(사이비)다. 진짜가 아닌데 진짜인 척 타인을 속이기 때문이다.

전자는 이 땅의 수많은 시민과 노동자들에게 허탈감을 넘어 조롱과 멸시의 언어이기 때문이며, 후자의 경우 피해 당사자들에게 사과 한마디 받아본 적 없는 고문 피해자들에게 분노와 참담함을 안겨 주었을 뿐만 아니라 더 이상 용서가 필요 없도록 만들었기 때문이다. 아니 미래의 희망봉이 되어야 할 '용서'가 또 다른 폭력이 되어버린다. 타인에게 피해를 주지 않는 진짜, 타인에게 엄청난 피해를 안겨 주는 가짜. 그래서 가짜(사이비)는 반드시 뿌리 뽑아야 한다.

어느새 대한민국은 가짜(사이비)가 판을 치고 있다. 가짜는 '진짜가 아닌 것'이 아니라 진짜가 아닌데 '진짜인 척하는 것'이라고 김용태 신부는 역설한다. 이런 경우를 사이비라 한다. 그래서 가짜는 많은 피해자를 양산하게 된다. 가짜뉴스, 가짜 종교, 가짜 정치에 의해 대한민국이 썩어 문드러지고 있다. 가짜뉴스는 진짜인 것처럼 속여 사람들의 정신을 병들게 한다. 상당수의 사람들이 가짜뉴스에 속는다.

개신교(改新敎)는 기독교 내에서 개혁과 혁신을 통해 진정한 구원(사랑)과 부활을 실현하고자 출발한 신교(新敎)다. 하지만 사랑 제일 교회처럼 회개를 통해 예수님의 부활이 아닌 백골단을 부활시키고 서북청년단을 부활시키는 가짜 종교로 변질되었을 뿐만 아니라, 개신교의 타락을 부채질하는 첨병이다

정치도 마찬가지다. 김용태 신부는 "가짜 정치인 곁에는 항상 가짜 종교인이 있다고 주장한다. 또한 정치와 종교는 한 몸처럼 움직이는 쌍둥이와 같아서 결코 분리될 수 없다"고 주장한다. 그렇다면 우리 헌법의 정교분리원칙을 어떻게 해석해야 하는가. 여기에 대해 나는 이렇게 생각한다.

정치와 종교는 한 몸(쌍둥이)처럼 움직이되 서로 악용해선 안 된다는

것을 강조한 것이라 본다. 즉, 정치는 종교를 오염시키지 말고, 종교는 정치 권력화하지 않아야 한다고 해석함이 마땅하다고 본다. 원래 정치(政治)의 정(政)은 '바를 정(正)'과 '칠복(攵)'의 합성어로 '바로잡는다'는 의미이다. 즉 잘못된 것을 바로잡는다는 것은 '정의'와 직결된다. 다스릴 치(治)는 '물 수(水)'와 '별 태(台)'의 합성어인데, 별 태(台)는 코 밑에 입을 지칭한다. 치(治)라는 단어 속에는 물을 잘 다스려 사람들을 먹여 살리는 것이라는 의미가 포함되어 있다. 이는 사회복지와 직결된다. 사회정의와 사회복지가 정치의 본질인 것처럼, 종교의 본질은 모두가 잘 사는 것 즉, 보편적 사랑(자비)이다.

김용태 신부는 저서『사랑은 늘 미안하다』에서 종교에서 말하는 사랑에는 두 가지 의미를 내포하고 있다고 역설한다. 가난한 사람에게 빵을 주는 사랑, 당연히 가져야 할 빵을 빼앗겼을 때 많이 가져간 사람으로부터 뺏어서 가져다주는 사랑이 있다고 전제하면서, 전자는 거저 주는 사랑이고, 후자는 갚아 주는 사랑이라 말한다. 눈을 감고 한참을 생각해 보았다. 지금이야말로 이러한 사랑이 필요한 때라는 생각이 든다. 종교에서의 거저 주는 사랑과 갚아 주는 사랑을 정의와 복지라는 이름으로 현실에서 구현시키는 것이 정치다. 그런데 어떻게 정치와 종교를 엄격히 분리할 수 있겠는가.

간혹 어떤 것도 믿지 않는다고 말하는 사람들이 있다. 하지만 좀 더 근원을 따져 보면 누구에게나 '믿음'이라는 것은 있다. 잘 살 수 있을 것이라는 믿음, 더 부자가 될 것이라는 믿음, 우리 자식은 성공할 것이라는 믿음, 지금은 힘들고 고통스럽지만 종국(막판)에는 행복하게 잘 살 것이라는 믿음 등등이 있다. 이 믿음이 신념이 되고 신념이 체계화된 것이 종교 아니겠는가. 김용태 신부는 "종교는 비추는 것이고, 정치는 실현하는 것"이라 말한다. 사회정의와 사회복지를 도외시하고 자신들이 가진 권력의 극대화를 시도하는 것은 국민들을 진짜인 것처럼 속이는 가짜 정치다.

가짜 정치의 세계는 강자를 중심으로 움직인다. 그러다 보니 용서가 또 다른 폭력으로 변해 가해자 중심의 세상으로 변질시켜 간다. 2023년 해병대원 순직 사건과 관련해 고소당한 임성근 전 해병대 1사단장은 법원 진술서에 다음과 같이 밝혔다(MBC뉴스(2023. 12. 12.)).

> "전역한 채상병의 동료가 자신을 고소한 것은 해병대와 자신에 대한 심각한 명예훼손이라 주장하고(…) 시민단체가 이 고소를 도운 것은 이적행위이자, 북한의 사이버 공격의 한 형태로(…) 작전 기간 중 스무 차례 넘게 안전조치와 강조사항을 내려보냈다. 언론과 해병대 수사단이 의도적으로 이를 언급하지 않고 있다."

가해자 중심의 이러한 뒷같은 세상에서 용서란 피해자의 권리가 아니라 의무로 조장되고 강요된다. 가해자가 해야 할 사죄는 희미해지고 피해자가 할 수 있는 용서만이 선명하게 부각된다. 이러한 가짜 정치의 세계에서 가해자는 사라지고 피해자만 자신의 피해자다움을 스스로 입증해야 하는 상황이 전개된다. 이것이 2023년 한국의 정치 현실이다. 이러한 현실을 극복하기 위해 가해자 중심이 아닌 피해자 중심으로 바라볼 때 용서의 진정성이 되살아나고 사랑의 본질이 발휘될 것이다.

김용태 신부는 위의 저서에서 피해자 중심의 용서는 어떤 모습이어야 하고, 이에 맞는 사죄와 속죄의 모습을 다음과 같이 설파한다. "너희가 누구의 죄든지 용서해 주면 그가 용서를 받을 것이고, 그대로 두면 그대로 남아 있을 것이다(요한 20,23)." 이처럼 용서란 의무이기 이전에 권리여야 한다. 또한 용서란 '피해자가 해야 하는 것'이다. "하루에도 일곱 번 죄를 지으면 일곱 번 돌아와 먼저 잘못했다고 용서를 빌어야 한다(루카 17.4)."

용서의 조건은 간단하다. 용서를 비는 사죄는 가해자가 하는 것이 아니라 최종적으로 가해자가 받는 것이어야 한다. 피해자가 받아들일 때 비로소 사죄일 수 있다. 따라서 가해자는 일곱 번이 아니라 백번이라도 정중하게 사죄를 빌어야 한다. 속죄 역시 마찬가지다. 피해자의 눈물이 마를 날 없는데 성경책이나 불교 경전을 들고 열심히 교회 가고 사찰에 간다고 해서 '다 갚았다'라고 말하는 것이 생뚱맞다.

임성근 사단장은 괴변을 늘어놓을 것이 아니라 "자신이 벌이고 있는 행태가 군에 대한 국민의 불신을 만들어 내고, 오히려 군의 질서를 무너뜨리고 있는 게 아닌지 되돌아봐야 된다"는 김형남 군인권센터 사무국장의 말을 되새기길 바란다. 그리고 윤석열 대통령도 역시 "해병대원 순직 특별법"을 즉각 수용해서 가해자 중심의 세상이 아닌 피해자 중심의 세상으로 활짝 문을 열어 주길 바라며, 그리스 신화의 카산드라가 되지 말았으면 하는 소소한 바람을 적어 본다.

# 6. 행운이란 변덕스러운 여인과 같다

행운은 왜 변덕스러운 것일까? 그래서인지는 몰라도 행운은 변덕스러운 여자와 같다는 느낌을 지울 수 없다. 세네카는 "행운은 준비가 기회를 만났을 때 나타난다"는 명언을 남겼다. 그러고 보니 동양과 달리 서양에서는 고대부터 행운을 성공을 위한 덕목 중 하나라고 보았고, 매우 진지한 덕목으로 간주했던 것 같다. '황제'라는 명칭의 대명사로 쓰인 로마제국의 카이사르는 자신은 행운을 선천적으로 가지고 타고난 사람이라 생각했다. 자신은 뭘 해도 성공할 것이라는 거의 신앙에 가까운 행운에 대한 신념을 가졌다고 한다.

동서양을 막론하고 행운은 성공의 기본값으로 여겨지는 듯하다. 한국에서도 CEO들을 대상으로 자신의 성공에 가장 큰 영향을 준 것이 무엇이었느냐는 질문에 행운이 1위로 꼽히기도 했다. 흔히 네잎클로버는 행운을, 세잎클로버는 행복을 상징하는 의미라 한다. 네잎클로버가 행운의 상징인 이유는, 나폴레옹이 네잎클로버를 보기 위해 허리를 굽힌 사이, 적의 총알이 지나가서 목숨을 구했다는 야사에서 비롯된다. 사람들은 행운이 멀리 존재하는 잡기 어려운 것이라고 생각하지만, 나폴레옹의 일화에서 보여 주듯 사실은 발밑에서 더 가까이 볼 수 있다는 의미가 아닐까 싶다.

그렇다면 행운(幸運, 좋은 운수)의 여신이 미소를 지어 주는 날이 우리에게 주어질까? 그립고 그리운 사람이 살포시 미소 지어 지긋한 눈빛으로 바라봐 주길 기다리는 것은 지나친 욕심일까? 아니면 행운일까? 만약 행운이 결함을 가진 사람에겐 그냥 스쳐 가는 구름이라면 결함에 대한 의미를 과감하게 바꾸면 되지 않을까? 결함이란 잘 익은 포도주가 되기 이전의 포도즙이라고…. 아니면 갱생의 불꽃 정도로 말이다. 이렇게 생각을 바꿔 보니 마음이 조금은 편해진다.

조지 엘리엇의 장편 소설『미들마치 1, 2』의 여주인공 도러시아는 30여 살 연상의 캐소본과 결혼하지만 캐소본이 18개월 만에 사망함으로써 21살의 미망인이 되어 애도 기간에 들어간다. 자녀가 없는 도러시아는 유산을 상속받지만, 도러시아가 먼 친척인 윌과 결혼하면 상속을 중지한다는 유서를 남긴다. 남편의 애도 기간이 끝난 후 정신을 차린 그녀는 터지는 흐느낌처럼 "난 정말로 원해"라는 신음 소리가 자신도 모르게 입 밖으로 새어 나왔다. 그녀가 원하는 사람은 윌 래디슬로였다. 윌은 캐소본의 이모할머니 손자이다.

도러시아와 캐소본이 신혼 여행지인 로마에서 윌을 다시 만났을 때, 윌은 몹시 당황하고 도러시아는 침착했다. 애도 기간이 끝난 후 두 사람이 다시 만났을 때 윌은 참담한 심정이었지만 단호했다. 반면, 도러시아는 동요한 상태를 감출 수 없었다. 처음 만났을 때와 정반대의 상황이 전개된 것이다. 그녀가 그토록 갈망해 왔던 만남이었지만 윌이 다가오자 그녀는 짙은 홍조로 얼굴이 달아올라 당황스러웠다. 저택 응접실에서 마주한 두 사람은 한동안 말을 하지 못했다. 그건 아마도 윌과 캐소본 부인을 떼어 놓은 슬픈 필연에 굴복하리라는 것을 직감해서였을지도 모를 일이다.

내 좌우명은 '내가 좋아하는 것을 얻을 수 없다면, 얻을 수 있는 것을 좋아하면 된다'는 것이다. 나는 지금까지 남들보다 더 많은 것을 갖지 못한 것을 불운이라고 생각해 본 적이 한 번도 없다. 하지만 내가 좋아했던 것들과 헤어져야 한다면 그것은 문둥병처럼 고약한 것이 될 것이다.

  헤어짐이라는 슬픔은 여러 가지 방식으로 찾아오는 것 같다. 헤어짐이라는 고통은 예기치 못한 방식으로 찾아와 나의 손발을 묶어 놓고, 간절하게 말하고 싶은데도 침묵하게 만들게도 한다. 나는 슬픔은 어떤 상황이든 극복할 수 있고 또 실제로 극복해 왔다고 자부한다. 그래서인지 때론 무척 이기적이기도 하다는 평을 듣는다. 나는 내 뜻대로 하는 것을 좋아했고, 아직도 그러한 모습으로 살아가고 있으니 아직 철이 덜 든 것 같다. 일례로 책을 읽을 때는 시간 가는 줄 몰랐고, 오토바이와 자전거를 탈 때는 바람을 가르며 질주하는 쾌감 그 자체가 좋았다. 아마도 질주 본능이 매우 강했던 것 같다. 한때는 카레이서를 꿈꾸었던 적도 있었으니….

  나는 커피 마시는 행위 자체를 즐기는 편이다. 우연히 들른 커피숍이 맘에 들면 가끔 그곳에 들러 좋은 추억을 회상하는 버릇이 있다. 간혹 커피숍 탐방을 하기도 한다. 2023년 여름, 경치 좋기로 소문난 북한산에 있는 카페를 일부러 찾아갔다. 그곳에서 아이스 아메리카노를 마주하고 앉아 밖을 바라보다가 문득 "아 맞다. 나는 자아실현 욕구보다는 인정 욕구가 강했던 사람인 것 같아"라는 생각이 불현듯 머리를 스쳐 지나갔다. 얼른 핸드폰을 꺼내 이것과 관련된 몇 글자를 끄적거려 놓았.

  여름이 지난 후, 동천을 걷다가 우연히 핸드폰에서 그 글귀를 발견했다. 그리고 이 글을 적어 내려갔다. 인정 욕구는 '타인에 의한 존중'과 '자기 자신에 의한 존중'이 있다. 나는 후자보다 전자에 더 매달리지 않았나 생각된다. 즉, 학자로서 동료로부터 인정받는 것, 더 많은 연구를 통해 얻은 지식을 학생들에게 충실히 전달해 주어야 한다는 압박감. 그리고 학생들은 내 강의 시간을 무척 기대할 것이라는 망상, 역시 '명강의야!'라는 얘기를 듣고 싶었던 '인정 욕구'를 가지고 한때를 살았으니 얼마나 삶이 고달팠겠는가. 이제부터라도 내 자신을 스스로 사랑하면서 살아야겠다는 다짐을 하고 나니 가슴이 꽉 찬 듯이 뿌듯해진다.

내가 이런 상상을 할 수 있었던 기회를 가진 것 그 자체가 곧 행운이었다.『미들마치』의 여주인공처럼…. 하지만 난 주어진 기회를 잘 활용했을 뿐 자부심을 탐하거나, 행운의 여신이 나에게 미소를 방긋 보낸 것도 아니었다. 더군다나 이런 기회와 욕구가 더더구나 행복 그 자체도 아니었다. 많은 것을 포기해야 했고, 논문을 쓰면서 나의 능력을 의심하기도 했고, 학회에서 논문을 발표하거나 토론할 때 나의 언변을 탓하기도 했다.

강한 인정 욕구는 충족되지 못할 때 좌절감으로 나타난다. 좌절감으로 인한 슬럼프를 극복하는데 무척 고생하기도 했다. 슬럼프를 극복하고 학회 논문을 심사하던 중 이번이 마지막 논문심사라는 생각이 머리를 스쳐 지나갔다. 연구실 책상 위에서…, 커피도 없이…. 그렇게 대학 강단을 떠났고, 나의 마지막 강의도 그렇게 마무리되었다. 그리고 자식들과 손주들의 박수로 시작된 조촐한 회갑연을 했다. 오히려 이것이 오히려 내게 행운이었다. 그리고 나는 다음 해, 시골로 향했다. 나와의 오랜 약속인 전원생활을 만끽할 즐거움에 들뜨기도 했다. 하지만 세상만사는 자신의 의지대로만 되지는 않는 것 같다. 지금은 순천의 고등학교에서 학생들을 가르치고 있다. 그리고 2년이 다 되어 간다. 침대에 누우면 아직도 방긋 미소가 지어지니 변덕스럽지 않은 행운도 물론 있다.

나의 타고난 행운 중 하나는 책 읽는 것을 무척 좋아한다는 것이다. 전공 관련 서적은 물론이고, 소설도 자주 읽는다. 가장 좋아하는 소설가는 톨스토이, 도스토예프스키, 조정래와 황석영, 디스토피아 소설의 대가인 조지 오웰 등이다. 그 외에도 랄프 왈도 에머슨, 헬리 데이빗 소로우의 저서들은 항상 옆에 두고 반복적으로 읽는다. 내 삶에 가장 큰 영향을 준 철학자는 버트란드 러셀이고, 좋아하지 않는 철학자는 마이클 샌델이다.

주어진 행운을 즐기다 보면 불운도 따르기 마련인데, '황반변성'이라는 증상을 덤으로 얻었다. 의사로부터 책과 컴퓨터를 멀리하라는 경고를 받았다. 의사의 경고성 발언은 나에게 어서 죽으라고 손짓하는 악마와도 같은 것이다. 의사의 경고를 나는 지금도 무시하고 있고, 앞으로도 그럴 것 같다. 그 대신 약을 잘 먹고 있고 때가 되면 치료도 받는다. 완치는 불가능하고, 진행 속도를 늦출 뿐이란다. 그 때문인지 조금만 피곤해도 사물이 흐릿해지곤 한다. 간혹 아는 사람들로부터 '모른 체'한다는 핀잔을 듣거나 심지어 '건방지다'는 소리까지 듣는다. 나는 그들에게 변명하지 않았다. 변명은 나를 구차하게 만들기 때문이다. 만약 이 책을 읽은 분들 중, 내가 그냥 지나치더라도 너그러이 용서해 주길 바란다. 새벽 3시가 넘었지만 여전히 책을 읽는 중이고, 느낌을 노트북과 외장하드에 옮겨 놓는 중이다. 이 버릇이 종국에는 행운일지 불운일지 모르는 일이겠지만….

잘 될지는 모르겠지만, 이제부터는 조금 주위를 돌아보는 시간을 가지면서 느리게 발걸음을 옮겨 볼 요량이다. 타고난 행운이 변덕을 부리지 않고 행복을 가득 담아 주변 사람들에게 골고루 나눌 수 있기를 고대하면서….

# 7. 원칙과 상식을 낯설어하는 사회

    8·15광복을 맞이한 지 3년 후 수립된 이승만 정권에서는 경찰이 막강한 공권력을 행사하였다. 그 당시 군대는 제대로 된 체제를 갖추지 못했을 뿐만 아니라 처우나 무기면에서 경찰을 당해 낼 수 없었다. 박정희 군사 정권에서는 군대(기무사)와 중앙정보부가 무소불위의 권력을 휘둘렀다. 7~80년대에는 중앙정보부라는 말만 들어도 오금이 저릴 정도였다. 1987년 민주화 이후 경찰과 군대, 안기부(국가정보원)의 힘을 약화시키기 위해 검찰의 권한을 대폭 강화했다.

    우리 사회에서는 그동안 사회의 부정부패를 무력화시키기 위해 검사들의 작은 잘못은 눈감아 주는 잘못된 관행이 있었다. 여기에 기생해 일부 검사들은 수사권과 기소권을 이용해 사리사욕을 챙기는 부정부패 세력이 되어 비리집단으로 전락하고 말았다. 그러다 보니 검찰은 소속 검사들에 대해서는 스스로 징계도 하지 못하고 사회적 견제도 이뤄지지 않았다.

    22대 국회에서 민의(民意)를 대리해 사회적 거악이 되어버린 부정부패한 검사들을 처벌하려는 탄핵소추에 대해 검사들이 검사동일체를 앞세우며 명예훼손으로 고소한 것은 수사권과 기소권을 가지고 있는 검사들이 자신들만의 홈구장으로 국민을 대의하는 국회의원과 사회적 오피니언 리더들을 끌고 들어와 불공정한 싸움을 걸고 있다. 한 줌밖에 안 되는 권력으로 사회 전체를 대상으로 시비를 걸고 있는 형국이다.

    우리 사회가 왜 이렇게 왜곡된 형태로 전개되었을까? 그 연원은 8·15

해방공간과 밀접한 연관을 맺고 있다. 다 아시다시피 1945년 8월 15일의 해방은 경술국치로부터 35년, 을사조약으로부터는 40년 만에 일본인의 지배를 벗어났다. 그렇게 맞이한 독립이라는 두 글자에는 '민족해방'과 군국주의체제로부터 벗어나 '자유회복'이라는 두 가지 의미가 겹쳐져 있었다.

해방공간에서 수많은 사람들은 자유 회복보다는 민족해방이라는 측면에 큰 의미와 가치를 부여했고, 해방만 된다면 당연히 자유의 회복은 뒤따라올 것이라 생각했다. 그 이유는 간단하다. 해방된 한반도에서 같은 민족끼리 살아가는데 '일본제국주의'와 같은 악랄한 횡포는 더 이상 나타날 수 없다고 생각했었다. 즉 일본인의 지배 시기에 겪었던 억압과 불의들은 모두 '왜놈'의 책임으로 여겼고, 왜놈들이 물러간 한반도에는 더 이상 억압과 불의가 있을 수 없다고 생각했었다.

그 이후 해방된 한반도에서 우리 민족이 겪었던 '일제시대'보다 더한 참극을 겪게 된 것에 비추어 보면 분명히 지나친 낙관이었다. 지나친 낙관이 참극을 막지 못했고, 이 낙관의 정체를 밝히지 않고서는 미래의 참극을 막지 못할 것은 불 보듯 뻔하다.

해방을 맞이한 사람들은 크게 두 부류로 나눌 수 있을 것 같다. 하나는 내가 초등학교 시절 배웠고 지금도 배우고 있듯이 온 겨레가 태극기를 들고 거리로 나와 '대한독립 만세'를 외친 사람들과 또 하나는 일제 강점기 악질 친일파 노릇을 해서 처단의 위협을 느낀 사람들, 또한 일제에 협력의 대가로 축적한 막대한 재산을 빼앗길 위협을 느낀 사람들이다. 비단 이 둘뿐일까? 그동안 식민지인들로 살면서 사회 구석구석에서 열심히 일한 결과 안온한 삶을 꾸려 왔던 사람들에게 지금까지 의지해온 질서의 붕괴가 가져다준 불안감이 또 한편에 자리 잡고 있었다. 일종의 '소시민 근성'이라 불리기도 한 이 감정은 지금의 정신연령으로 보자면 인지상정으로 이해할 만도 하다.

이처럼 해방공간에는 기쁨과 함께 불안감도 존재했었다. 하지만 수많은 국민들은 가슴에 응어리진 불안감을 감춰야만 했다. 불안감을 표출하면 친일파로 의심받을 것이 두려워 더 적극적으로 기쁨을 표출하다 보니 그 당시에는 지나친 낙관이 지배하지 않았을까?라는 쓰디쓴 상상을 해보기도 한다.

1920년대 후반 혹은 1930년대에 들어서면서 조선 독립을 열망했던 세력은 둘로 쪼개졌다. 그중에서 교육 수준이 높고, 사회적 활동이 많았던 엘리트들은 일본의 패전 가능성을 낮게 보아 친일로 돌아섰다. 하지만 그 반대편에서는 일본의 패망을 공공연히 희망하며 일본제국주의에 맞서 싸웠던 '항일투사(독립운동가)'들이 있었다. 하지만 해방공간에서 '항일투사'들은 소수였다. 이들 소수가 새 질서 수립을 위해 '독립' 과업의 전면에 나섰던 것이다. 소수였던 항일 투사들은 해방공간에서 세 부류로 다시 분화된다. 좌익 사회운동을 했었고 큰 변화를 바라던 진보성향의 지도자들, 큰 변화보다는 완만하고 신중한 변화와 함께 민족주의 실현을 우선 과제를 내세우며 급격한 사회혁명에 저항하는 우익세력, 혁명의 범위와 진도를 절충해서 '질서 속의 변화'를 추구했던 중도파가 그들이었다.

해방공간에서는 표면적으로 진보와 보수[5]가 정면으로 대립하고 있었

---

5) 원래 발표했던 글과 달리 여기서는 '진보'와 '보수'로 완곡하게 표현하였다. 당시 글(2020년 4월, 학술대회 발표)을 소개하면 다음과 같다. 해방공간에서 진보는 극좌파가, 보수는 극우파가 대세였다. 극좌파는 소련혁명의 철저한 모방을 통해 지배권을 장악하겠다는 야심을 가졌고, 극우파는 식민지 시대에 획득한 기득권을 지키고, 나아가 더 키우려는 욕심을 가진 자들이었다. 해방공간에서 대립은 일체의 질서를 혁명해야 한다는 극좌파와 일체의 변화를 거부하는 극우파의 대립이 주를 이루었다고 볼 수 있다.

다. 이들도 한때는 '적대적 공생관계'를 맺을 수밖에 없었다. 바로 중도파 노선의 '건국준비위원회(이하 건준)'의 출범이 그 계기였다. 양 극단세력은 '건준'이라는 '공공의 적' 앞에서 이별을 준비하면서 손을 잡을 수밖에 없었다. '건준'은 극좌와 극우의 협공 앞에 결국 좌초하고 말았다. 이들의 좌초에는 타당한 이유가 있었다. 중도파 노선을 지지한 국민들은 많았지만, 극좌와 극우처럼 집요한 노력을 기울일 만한 강력한 동기가 없다는 것이 약점이었다. 극우세력은 민족주의자들의 '건준' 참여를 가로막기 위해 온갖 흑색선전으로 임했고, 극좌세력은 '건준'을 헤게모니 투쟁을 위한 도구로 전락시켰다.

이제 본 주제로 돌아가 보자. 1987년 대통령선거의 캐치 워드(catch word)는 '보통 사람'이었다. 이 일시적인 유행어로 민정당의 노태우 후보는 대통령에 당선되었다. 그 당시나 지금이나 국민들이 받아들였던 '보통 사람'은 단순한 '평균적 인간'은 아니었을 것이다. 그 당시 국민들이 바랐던 '보통 사람'은 하느님 같은 지도자이거나 세종대왕 같은 현명한 군주가 아니었다. 단지 국민들은 이승만처럼 악독하지 않고, 윤보선이나 장면처럼 어리석지 않고, 박정희처럼 야심이 너무 크지 않고, 전두환처럼 너무 지독하지 않고, 이명박처럼 영리하지만 사악하지 않고, 박근혜처럼 무지하면서 게으르지 않고, 윤석열처럼 무지하면서도 사익을 추구하지 않고, 테러 걱정 없이 거리를 활보하고, 하고 싶은 말을 맘대로 하고, 곳간을 두둑하게 채워 돈 걱정 없이 살아가게 하고, 동틀 때 진한 커피향을 음미하며 하루를 그려 보게 하는 그런 천사 같은 지도자이지 않을까 싶다.

'보통 사람'은 '원칙과 상식을 따르고 존중하는 사람'이다. 하지만 해방공간에서 잠시 형성되었던 '적대적 공생관계' 즉 원칙과 상식을 짓밟는 극단주의자들이 한국 사회를 지배하게 되면서 '보통 사람'에 대한 그리움은 커져만 갔고, 원칙과 상식은 너무 낯선 것으로 변모해서 이제는 그 모습을 그릴 수도 없다.

그 이유인즉, 대한민국은 미국사회의 '비역사성(ahistoricity)'[6]을 지난 80여 년 동안 학교에서 또는 사회에서 배우고 철저히 반복해서 학습했다. 그 영향인지는 모르겠지만, 지난 80여 년 동안 한국 사회는 역사 파헤치기에 열정을 보였던 사람들은 좌우익의 과격파들이었다. 이들의 의도대로 역사 담론이 편향되면 정치담론 역시 편향적일 수밖에 없다.

해방공간에서도 지금보다 더 원칙과 상식을 더 존중했던 사람들이 있었다. 여운형, 김규식, 안재홍, 홍명희, 김두봉이 그들이다. 하지만 그 시기에 소수집단에 의해 원칙과 상식이 짓밟힌 이후 이 원칙과 상식을 회복할 기회를 더 이상 갖지 못했다. 그러다 보니 원칙과 상식이 하나의 희망봉이 되어 이 캐치 워드를 내건 후보가 대통령에 당선되었지만, 이 캐치 워드는 글자 그대로 '일시적인 유행어'로 전락하고 말았다. 나의 조그만 희망이 하나 있다면 원칙과 상식의 정치 노선이 조그만 불씨로 겨우 연명해 가는 것이 아닌, 희망봉처럼 우뚝 솟아오르길 바랄 뿐이다.

---

[6] 브루스 커밍스는 『한국전쟁의 기원』에서 미국사회의 비역사성을 이렇게 지적했다. "우리처럼 비역사적 성향을 내재적으로 품고 있는 사람들은 뒤를 캐는 일, 양탄자를 들춰 보는 일, 물밑의 힘과 움직임을 알아보는 일에 적성을 보일 수가 없다. 제1원리에 대한, 그리고 파헤치기에 대한 열정을 보여 주는 사람은 좌우익의 과격파밖에 없다. 니체가 말한 '미로(迷路)를 향한 운명'은 미국인의 영혼에 어울리지 않는 것이다": 김기협 저, 『해방일기 Ⅰ』, p. 9.

# 8. 극단적 소수가 다수를 지배한다

정치학자 후안 린츠(Juan Linz)는 충직한 민주주의자가 지켜야 할 기본 원칙으로, '선거 결과에 승복할 것', '권력 쟁취를 위해 폭력을 사용하지 말 것', '극단주의 세력과 동맹을 맺지 말 것'의 세 가지를 제시한다. 린츠의 세 가지 원칙에 대해 스티븐 레비츠키(Steven Levisky)와 대니얼 지블랫(Daniel Ziblatt)은 다음과 같이 보충 설명을 붙였다.

첫째는 패배를 일관적이고 명확하게 받아들여야 한다는 뜻이다. 둘째, 민주주의자는 폭력(혹은 폭력을 쓰겠다는 위협)을 사용하는 전략을 거부해야 한다는 것이다. 예컨대 군사 쿠데타를 지지하거나, 폭동을 조직하거나, 반란을 조장하거나, 폭탄 투척 및 암살 등 다양한 테러 행위를 계획하거나, 정적을 물리치거나 유권자를 위협하기 위해 군대나 폭력배를 동원하는 정치인은 민주주의자가 아니다. '위 두 가지 기본원칙'을 어기는 모든 정당과 정치인은 민주주의에 대한 위협으로 간주해야 한다고 본다.

셋째는 반민주주의 세력과 확실하게 관계를 끊어야 한다는 의미이다. 린츠는 이들을 가리켜 "표면적으로 충직한(semi-loyal)" 민주주의자라고 불렀고, '충직한 민주주의자'와 명확히 구분하여 정의한다. 표면적으로 충직한 민주주의자는 대부분 정장과 넥타이 차림의 주류 정치인이며, 겉으론 규칙을 준수하고, 심지어 그 규칙을 기반으로 성장하며, 노골적으로 민주주의에 반하는 행동을 하지 않는다고 본다.

이러한 행동 때문에 이들이 민주주의를 충직하게 수호할 것이라 착각하기 쉽다. 모 정당에서 유행했던 '수박'이란 단어가 가장 잘 어울리는 정치인들이다. 린츠는 하지만 절대로 착각해서는 안 된다고 주장한다. 그 이유인즉, 표면적으로 충직한 정치인은 민주주의가 무너지는 과정에서 존재를 드러내지 않지만, 중추적인 역할을 담당한다고 보고, 충직한 민주주의자와 비교하여 이들의 행동을 다음과 같이 설명한다.

충직한 민주주의자가 민주주의에 반하는 행동을 일관적이고 확고하게 거부하는 데 반해, 표면적으로 충직한 민주주의자는 다소 애매모호한 태도를 취한다고 본다. 후자는 두 가지 방식으로 움직인다. 즉, 민주주의를 지지한다고 주장하면서, 동시에 폭력이나 반민주적 극단주의에 눈을 감게 되는데, 이런 애매모호한 태도가 민주주의 성장과 발전에 결정적인 해로움을 끼치게 된다. 더 나아가 이들은 독자적으로 여론의 지지나 정당성을 확보할 수 없으므로, 독재적인 인물과 서로 협력하거나 이들을 용인 내지는 애매모호한 태도를 취함으로써 민주주의는 위기에 직면하게 된다. 우리나라에서도 전두환 군사정권이 민주정의당을 창당하고, 위성정당으로 민한당 등을 내세웠던 것을 생각해 보라.

레비츠키(Steven Levisky)와 지블랫(Daniel Ziblatt)은 '독재의 평범성(banality of authoritarianism)'이라는 개념을 제시한다. '독재'는 민주주의를 붕괴시키고 반민주적 극단주의자들이 정권을 잡고 마치 이것이 정상적이고 당연한 정치체제인 양 받아들이도록 하는 것이 '독재의 평범성'이다. 이런 독재의 평범성은 표면적으로 충직한 민주주의자들에 의해 지지되고 더욱더 강화된다. 또한 표면적으로 충직한 민주주의자들은 민주주의에 대한 폭력적인 공격에 직접 가담하지 않을뿐더러 덕망 있는 정치인들처럼 행동하는데 여기에 현혹되어서는 안 된다는 것이 레비츠키와 지블랫이 강조하는 바이다.

  레비츠키와 지블랫은 주류 정치인들이 전략적 차원에서 표면적으로 충직한 민주주의자의 길을 선택하고 반민주적인 극단주의자들을 용인할 때, 극단주의 세력은 더욱 강화되며, 겉으로 단단해 보이던 민주주의는 붕괴하고 독재체제의 길이 서서히 열리게 된다. 이 과정에서 표면적으로 충직한 민주주의자는 반민주 세력을 옹호하고 비호하며, 더 나아가 반민주적 극단주의자를 보호하는 선에서 멈추지 않고 이들의 주장을 정당화해 줌으로써 더 급진적으로 행동하게 한다. 여기에 주류 정당이 반민주적 극단주의자를 용인하고 암묵적으로 지지할 때, 이들의 행동은 더욱 강화된다. 2024년 현재, 대한민국에서 뉴라이트를 자처하고 있는 세력들의 행동은 여기에 가장 적합한 비유일 것이다.

  그렇다면 민주주의는 현 상태의 호모사피엔스가 수긍하고 받아들일 수 있는 합리적인 정치체제인가를 생각해 볼 필요가 있다. 여기에 대해 일단의 학자들은 정치 시스템과 관련해서 두 가지 형태의 패턴으로, '부유한 민주주의'와 '오래된 민주주의'는 결코 무너지지 않는다는 이론에 가까운 사실을 제시한다. 특히 정치학자 아담 쉐보르스키(Adam Przeworski)와 페르난두 리몽기(Fernando Limongi)는 1976년의 아르헨티나(지금의 달러 기준으로 1만 6천 달러)보다 잘사는 어떤 국가의 민주주의도 무너지지 않았다고 주장했다. 하지만 1인당 GDP가 1만 8천 달러인 헝가리의 민주주의가 무너졌고, 2020년 1인당 GDP 6만 3천 달러인 미국과 2023년 3만 3천 달러의 한국은 민주주의 붕괴를 경험한 부유한 국가의 '네 배'와 '두 배'에 달한다. 민주주의를 시행해 온 역사적 경험과 사회과학의 연구에 의하면 2020년 당시 미국과 2024년의 대한민국의 민주주의는 절대적으로 안전하고 심하게 말하면 굳건하다고 말할 수 있을 것이다. 하지만 현실은 결코 그렇게 안전하고 굳건하지 않았다.

2021년 미국의 경우를 한번 들여다보자. 도널드 트럼프(Donald Trump)는 2017년 1월 미국 제45대 대통령으로 취임했다. 트럼프는 2020년 민주당 후보인 조 바이든(Joe Biden)에게 패해 재선에 실패했다. 트럼프는 패배를 인정하지 않았다.

오히려 트럼프는 대통령 확정 절차 전에 '저는 여기 있는 모든 분들이 의사당 건물로 행진해서 평화롭게 애국적으로 목소리를 낼 것으로 알고 있습니다. 우리는 나약한 의원들을 제거해야 합니다. 도움이 안 되는 의원들 말입니다. 우리는 그들을 제거해야 합니다(I know that everyone here will soon be marching over to the Capitol building to peacefully and patriotically make your voices heard and we gotta get rid of weak Congresspeople. The ones that aren't any good, we gotta get rid of them)'라고 선동했다.

2021년 1월 6일 미 의회는 상·하원 합동회의를 열어 바이든 당시 민주당 대선 후보의 승리 인증(확정)을 위한 회의를 진행 중이었다. 이에 격분한 2천여 명에 달하는 트럼프 극렬지지자들이 대선 불복과 후보 승리 인증을 저지하기 위해 의사당에 난입했다. 이 과정에서 의회 경찰을 포함해 5명이 목숨을 잃었다.

2024년 대한민국은 윤석열 대통령이 임명한 장관급 인사들은 물론 대한민국 3대 역사기관인 동북아 역사재단 박지향 이사장, 독립기념관 김형석 관장, 한국학 중앙 연구원 김주성 이사장과 김낙년 원장 모두 자칭 타칭 '뉴라이트' 세력들이다. 이들 중 일부는 일본의 한반도 강점을 찬양한 민족 반역자들이라 지탄받고 있다. 이들은 꾸준히 대한민국 국민들의 역사관과 배치되는 주장을 해 공분을 사고 있다. 반민주주적 극단주의 사고를 지닌 리더와 이를 뒷받침하는 표면적으로 충직한 민주주의자들의 결합은 민주주의를 파괴하고 한국을 독재의 수렁으로 밀어 넣고 있다.

스티븐 레비츠키(Steven Levisky)와 대니얼 지블랫(Daniel Ziblatt)는 저서『어떻게 민주주의는 무너지는가』에서 독재의 4가지 기준을 제시했다. 첫째는 민주주의의 규범에 대한 거부 또는 규범 준수에 대한 의지 부족이다. 윤석열의 헌법 부정이나 위반 그리고 선거 불복이나 선거 제도의 정당성을 부정하는 것이 대표적이다. 둘째, 경쟁자를 전복 세력이나 헌법 질서 파괴자로 비난한 적이 있는가이다. 윤석열은 자신을 반대하는 세력을 종북 반국가주의 세력이라 강력히 비판했다. 그리고 검찰을 동원해 야당의 대권주자였던 야당 대표에 대한 무차별적인 기소와 재판, 그리고 미디어를 총동원해 비판하고 있는 것 또한 마찬가지이다. 셋째, 폭력에 대한 조장이나 혹은 묵인하고 있는지의 여부와 넷째, 언론 및 정치 경쟁자의 기본권을 억압하려는 성향을 보이는가의 여부이다. 어떤가. 윤석열의 행보와 놀랍도록 일치한다. 이렇게 가다가는 머지않아 큰 일을 벌이지 않을까 싶어 두려움이 앞선다.

여기서 잠시 스스로 위안 삼을 얘기를 해 볼까 한다. 민주주의는 다수결 원칙에 근거하여 작동된다. 따라서 민주주의가 '다수의 독재'로 변질될 위험성은 상존한다. 하지만 민주주의라는 제도는 다수의 힘을 효과적으로 견제할 장치를 마련해 두고 있다. 하지만 21세기에는 '다수의 독재'보다는 '소수에 의한 독재'를 더 염려해야 할 상황이다. 레비츠키와 지블랫은 미국의 (대통령 선거) 제도가 미국의 민주주의를 구원하지 못할 것이라고 지적했듯, 대한민국도 역시 똑같은 딜레마에 처해 있다. 하지만 대한민국은 미국보다 행복한지도 모른다. 왜냐하면 대통령 임기가 5년 단임이기 때문이다. 더 빠를 수도 있고…….

# 9. 군집행동
## - 베블런 효과와 백로효과

 인간을 신과 동물의 중간자적 존재라고 갈파한 철학자가 있었다. 미국 미주리대 도시문제 전문가인 데니스 저드(Dennis Judd)는 '들쥐떼'라는 용어를 사용해 인간을 설명한다. 그의 주장을 들어 보자. "자신의 안전을 스스로 지켜야 한다면 인간은 어떤 무기라도 들고 대항할 준비를 할 것이다. 그런데 만약 권력을 쥔 자가 '모든 범죄에 대해 걱정할 필요가 없으며, 우리 재산이 안전하게 지켜질 것이다.'라고 말해 준다면 인간은 스스로의 안전을 지킬 권리를 포기하면서 체제 순응적인 들쥐 떼 같은 존재가 인간"이라고 저드(Judd)는 주장한다. 물론 저드(Judd)가 인간을 '들쥐'에 비유한 것은 비유적 표현이며, 타인의 말이나 행동에 너무 쉽게 영향을 받는 인간에 대한 안타까움의 표현이라 믿는다.
 하지만 인간은 중간자적 존재라기보다는 이래저래 불완전하고 불합리한 동물에 가깝다는 생각이 든다. 그래서일까. 도처에서 불완전한 군집행동이 나타난다. 군집행동은 곤충이나 동물에서 흔히 나타난다. 소·말·양·물고기·개미·쥐 등은 평소에도 무리를 지어 행동하고, 위기가 닥치면 무리를 지어 도망간다. 생물학자인 윌리엄 해밀턴(1971)은 자신의 논문에서 위험에 처한 동물이 무리를 지어 도망가는 이유를 다음과 같이 밝혔다. "될 수 있는 대로 무리의 중심에 가까이 감으로써 자기에게 돌아오는 위험을 최소화하려는 목적적인 행동이라는 것"이다.
 미국의 경제학자 소스타인 베블런(Thorstein Veblen)은 저서『유한계

급론』(The Theory of Leisure Class)에서 소비자들은 가격이 비쌀수록 소비가 증가하는 경향이 있다는 주장을 펴서 화제를 모았다. 일반적으로 수요의 법칙에 의하면, 가격이 상승하면 수요량은 감소한다. 하지만 이에 반하는 재화를 사치재 혹은 명품이라 하는데, 이런 것들은 가격이 비쌀수록 소비가 증가하는 경향이 있다는 것이다. 이러한 과시 욕구를 반영한 소비현상을 '베블런 효과(Veblen's effect)'라 한다.

이 효과가 작동하는 원리는 간단하다. 소비자들은 고가의 제품을 구매함으로써 우월감 즉, 자신의 부와 사회적 지위를 과시하려는 경향이 강하기 때문에 고가의 사치재 위주로 소비하게 된다. 사치재의 가격이 상승할수록 구매자 또한 늘어난다. 이러한 사치 소비의 형태는 상류층에서 중류층으로까지 전달되고, 하류층에서는 짝퉁 소비로 이어진다. 여기서 유의할 점이 있다. 베블런 효과는 단순히 "값을 올리면 잘 팔린다"는 명제는 절대 아니다. 어디까지나 사치재여야 하며, 사치재라 해도 동종업계에 비교 대상이 될 대체제가 반드시 필요하다. 또한 마케팅과 서비스 측면에서 이 대체제를 완전히 압살할 수 있는 즉 '명품'이어야 한다는 전제의 충족이 필요하다.

이러한 경우도 있다. 친구가 명품을 사면 괜스레 명품을 사는 사람도 있다. 이런 경우를 '편승효과' 또는 밴드왜건 효과(악대효과, Bandwagon Effect)라고 한다. 마을에 서커스가 등장해서 나팔을 불고 다니면 사람들이 덩달아 구경을 가거나 여름철 방역차가 하얀 분말을 내뿜고 가면 어린 아이들이 그 뒤를 줄지어 따라간다. 이것은 일종의 군집행동이다. 즉 '뚜렷한 주관 없이 다른 사람들의 선택을 따라 하는 것이다. 편승효과는 소비에 있어 유행을 만드는 요인이 되고, 많은 사람의 선택에 이유가 있을 것이라 믿는 사회적 증거나 동조 현상과 관련이 있다. 다수에 속함으로써 안정감을 느끼고 싶어 하는 안전 욕구가 편승효과를 만들어 낸다.

22대 국회의원 선거(2024. 4. 10.)를 앞두고 각종 여론조사가 발표되고 있다. 여론조사가 발표될 때마다 정당은 물론 지지자 역시 설마 그럴 리가…라며 고개를 내 젓는다. 여론조사라는 것이 표집을 어떻게 하느냐, 평가 문항을 어떻게 만드느냐, 전화를 제때 받느냐 받지 못하느냐, 무선이냐 유선이냐에 따라 결과가 달라진다는 것은 익히 알려진 사실이다. 어느 선거에서나 어느 한쪽이 수세에 몰리면 유권자들은 승산이 있는 후보 쪽으로 몰리는 편승효과는 반드시 나타난다. 이런 경우 수세에 몰린 정당이나 후보자는 '여론조사를 믿지 말고 투표하자'라고 아무리 호소해도 그 효과는 반감된다. 이것이 편승효과이다. 전통적으로 투표율이 높으면 진보정당이 유리하고 투표율이 낮으면 보수정당이 유리하다는 등식은 20대 대통령 선거를 기점으로 무너졌다. 편승효과가 반감된 것이다. 자기 후보를 지켜야 한다는, 반드시 승리해야 한다는 절실함이 편승효과를 무력화시킨 것이다.

반대로, 경제학자 하비 라이벤슈타인(Harvey Leibenstein)은 남들이 어떤 물건을 사면 자기는 남과 다르다는 것을 보여 주기 위해 일부러 안 사는 경우가 있음을 지적한다. 이를 '백로효과(snob effect)' 또는 '속물효과'라고도 한다. '스놉(snob)'이란, 재산과 지위로 거만을 떠는 속물이란 뜻이다. 가끔 자기는 뭔가 남들과 다르다고 생각하고 고고한 척 행동하는 사람을 본다. 학생들 중에도 이런 행동을 하는 학생들이 있다. 이런 학생들을 보면 저절로 한숨이 먼저 나온다. 개성이 강한 사람들은 다른 사람들이 많이 구입한다는 이유만으로 특정 물품을 구입하지 않으려 한다.

심지어 자신과 똑같은 옷을 입은 사람을 보면 더 이상 그 옷을 입지 않고 구석에 처박아 놓기도 한다.

　정치학을 위시한 사회과학자들은 다수의 대중이 투표나 여론조사 등에서 뚜렷한 주관 없이 대세를 따르는 현상이나 군집행동을 '밴드왜건 효과'라 이름 붙였다. 우리말로는 '편승효과'라고 하기도 하고, '무리 효과(herd effect)'라는 의미로도 쓰인다. "친구 따라 강남 간다"는 속담은 적절한 비유일 것이다. 무리가 모였을 때 갑자기 앞에서 누군가가 '경찰이다', '도망가자'라고 소리치면 너나 할 것 없이 '걸음아 나 살려라' 하고 무조건 뛰고 본다. 이것은 무리에서 혼자 뒤처지거나 동떨어지지 않기 위해 다른 이들을 따라 하는 모습에 불과하다.

　편승효과 혹은 밴드왜건 효과는 알게 모르게 우리의 삶 곳곳에 자리 잡고 있고, 그 영향 또한 대단하다. 대표적인 것이 음식집이다. 맛집이라고 소문나면 너도나도 할 것 없이 그 음식점으로 달려간다. 한참을 기다려 자리에 앉자마자 고민 없이 이 음식 저 음식을 시켜 놓고 먹방을 시작한다. 엄지척은 기본이다. 또 어떤 식당은 출입구 쪽에 유명인사가 다녀갔다는 사인은 물론 유명인과 주방장이 함께 찍은 사진들을 일렬로 걸어 놓는다. 그러면 손님들은 망설임 없이 유명인들을 믿고 음식을 시켜 먹는다. 첨단 매체들이 등장하면서 이런 현상은 더 고착화될 가능성이 농후하다. TV 광고에 유명 연예인이 등장하여 소비자들을 유혹하는 것 역시 밴드왜건 효과를 노린 상술이다.

　편승효과를 반감시킬 뾰족한 수는 없는 듯하다. 그렇다고 이성의 힘을 믿어 보자고 호소할 수도 없는 노릇이다. 더 나아가 인간의 주체성과 합리성, 다양한 경험, 그리고 교육의 힘을 믿어 보자고 호소해도 뾰족한 수는 보이지 않는다. 그렇다고 손 놓고 무작정 편승효과가 사라질 때까지 기다릴 수밖에 별 도리가 없다. 현명하게 판단하고 실천하는 사람들이 많아지기를…. 자존심의 꽃이 떨어져야 인격의 열매가 열리려나….

# 10. 예측복종

　티머시 스나이더는 저서 『폭정(ON TYRANNY)』에서 "예측 복종은 정치적 비극"이라 말한다. 어찌 정치적 비극뿐이겠는가. 시대의 비극이요, 민주주의의 비극이 아니겠는가. 스나이더는 "순응하는 시민이 억압적인 정부가 무엇을 원할지를 미리 생각한 다음, 요구가 없어도 자신을 내어주는 것"을 예측 복종이라 불렀다. 예측 복종은 애초에는 새로운 상황에 반성 없이 본능적으로 적응하는 것을 의미했다.

　선거라는 민주적 제도를 통해 권력을 장악한 세력들이 그 제도를 바꾸거나 파괴할 수 없을 것이라는 순진한 생각은 치명적인 실수임이 이미 역사를 통해 여러 번 증명되었다. 1932년 독일의 선거, 공산주의자들이 승리한 1946년의 체코슬로바키아 선거 이후, 그다음의 결정적인 단계는 예측 복종이었다. 독일과 체코슬로바키아의 경우, 자발적으로 새로운 지도자에 봉사하려는 사람들이 넘쳐났기 때문에 나치와 공산당 모두 완전한 체제 변화를 향해 신속히 움직일 수 있다는 걸 깨달았다. 최초의 경솔한 순응 행위들이 있고 난 후, 그 상황을 되돌리는 건 불가능했다.

　권위적이고 억압적인 파시스트 정권이 무엇을 원할지를 미리 예단하고, 그들의 요구가 없어도 자진하여 부역함으로써 자신의 안일만을 꾀하는 사악한 정치 세력, 검찰, 경찰, 사법, 언론, 교육, 행정 엘리트들의 예측 복종과 여기에 광적으로 부화뇌동하는 어리석은 20대 대통령 선거 때의 48.7%가 있기 때문이다.

스나이더는 "우리가 품위를 유지할 수 있도록 돕는 것은 제도이며, 제도도 우리를 필요로 한다"고 역설했다. 마찬가지다. 대한민국에서 2024년을 살고 있는 민주시민들이 지금과 같은 상황에서도 조그마한 품위라도 유지할 수 있는 것은 여태껏 쌓아 올린 민주라는 제도 덕분이다. 하지만 제도는 스스로를 보호하지 못한다. 그중 무엇이든 처음부터 보호받지 못하면, 제도는 하나씩 차례로 무너져 내린다. 그러므로 법정이든, 언론이든, 법이든, 노동조합이든 보살필 제도를 하나 선택하고, 그들의 편에 서서 목소리를 높이지 않는다면 제도는 그 생명력과 기능을 빼앗기고 껍데기만 남을 것이다. 그 결과 제도는 새로운 질서에 저항하기보다 그것을 고착화하는 데 기여한다. 이를 '획일화(Gleichschaltung)'라 부른다.

송길영은 『호명사회』에서 "각자가 조직에 앞서 이름을 알리고, 스스로 선 한 개인들이 서로 존중하며 교류하는 선택의 연대는 서로를 칭할 때 온전한 그의 이름을 부르는 '호명 사회'로 완성된다"고 주장했다. 이러한 호명사회는 예측 복종이 강요되는 권위주의 정권에서는 이상향과 같다. 지난 2년 내내 대통령실, 행정안전부, 국무총리는 이태원에서의(할로윈 데이의) 10월 29일 참사를 예측 불가했던 사고라 호명해 왔다. 피해자의 이름과 얼굴을 가린 채, 부르거나 드러내면 범죄라며 엄포를 놨다. 의아했지만 아무도 질문하지 않았고, 엄포는 고스린히 공포로 스며들었다. 만성적 위협 속에서 이젠 아예 아무도 궁금해하지 않으며, 선제적으로 가만히 있다. 예측 복종의 결과이며, 나치가 명명한 '획일화'에 도달한 것이며, 질문받지 않은 선제적 호명이 강한 규정력을 발휘하고 있는 것이다.

권위에 대한 맹목적인 복종은 인간으로 하여금 '도덕적인' 관심사의 관점까지도 변화시킨다. 인간은 이성적인 대안에 대해서는 눈을 감고, 대신 복종을 선택함으로써 우리 행동에 대한 도덕적 책임을 회피하게 된다. 일이 전적으로 개인 차원일 경우 자신의 양심에 충실하지만, 집단이라는 위계질서 내에서는 권위가 개인의 양심을 대신하게 된다. 지치고 싸우기 힘들고 스트레스가 쌓여 있을 때, 인간은 쉽게 내가 아닌 다른 사람의 생각을 믿게 되면서 진실에 대해서 눈감게 된다.

예측 복종은 군중심리를 따르게 하는 효과도 있는 것 같다. 군인이나 경찰처럼 제복을 입은 구성원들은 엄격한 위계 제도와 함께 상관의 명령에 절대복종을 요구받는다. 이들의 복종은 종종 우리들의 사고나 관점을 변화시키기도 한다. 도덕적으로 용납할 수 없는 임무를 부여받았다면 어떻게 행동해야 할 것인가? 복종에 대한 보상도 없고 그렇다고 불복종에 대한 처벌도 없는 상황에서도 개인은 그 권위에 복종할 수 있는가의 여부이다.

1961년 스탠리 밀그램(Stanley Mingram)은 예일대학교 학생들 일부와 뉴헤이븐 주민 일부를 대상으로, 아무런 보상이나 대가는 물론 처벌도 없는 상황에서 피실험자로 하여금 실험자의 무조건적인 지시에 따를 것인가를 확인하는 실험을 진행했다. 실험 당시는 나치 전범들이 뉘른베르크 재판에서 한결같이 "나는 명령에 따랐을 뿐"이라 변명하면서 자신을 책임을 회피하기 바빴던 시점이었다.

실험실에는 전기충격 장치가 설치되어 있고, 선생님 역할을 맡은 참가자는 학생에게 질문을 하고, 학생이 틀린 답을 할 때마다 전기충격을 가한다. 참가자들은 알지 못했지만, 학생은 실험자와 공모한 연기자로, 전기충격이 가해지면 충격을 받는 시늉만 했다. 전기충격은 15볼트에서 시작하여 450볼트까지 증가시킬 수 있다. 전기충격의 강도는 실험자가 지시할 때마다 점점 높아지게 설계되었다. 학생은 처음에는 가벼운 신음

소리를 내다가 점점 더 큰 소리로 고통을 표현했다. 심지어 일부 학생 역할 연기자는 더 이상 실험을 계속할 수 없다고 항의하거나, 심장 문제가 있다고 호소하기도 하였다. 실험 결과는 매우 충격적이었다. 실험자들은 서로 알지도 못했을뿐더러 불만을 품어 본 적조차 없는 사람들이 끔찍한 고통을 겪는 모습을 보고도 밀그램의 지시를 따랐고 전기충격을 계속 가했다. 65%의 참가자들이 최대 전압인 450볼트까지 전기충격을 가했다.

 실험 전, 정신과 의사와 일반 성인들은 한결같이 피험자들이 복종을 거부하리라 예측했고, 병리학적으로 정상이 아닌 1~2퍼센트의 비정상적인 사람들만이 실험 참가자에게 전기충격을 줄 것으로 예상했다. 다시 말하면 대가 없는 복종에 대해 의문을 가졌던 것이다. 하지만 예상과는 달리 65%의 참가자가 실험자(권위자)의 명령에 얼마나 쉽게 복종할 수 있는지를 보여 주었다.

 예측 복종이 본능적으로 적응하는 것이라면, 인간에게는 혹시 권위주의적 인성이 자리하고 있는 것은 아닐까? 그렇다고 할 수 있다. 이 실험이 종료되자 전기충격을 가한 실험자들은 학생들이 건강에 이상이 없는지 궁금해하지도 않은 채 실험실을 떠났다. 밀그램은 사람들이 새로운 환경의 새로운 규칙을 놀랍도록 잘 받아들인다는 걸 확인했다. 새로운 권위지로부터 그렇게 하라고 지시받기만 하면, 사람들은 새로운 목적에 부합하기 위해 놀라울 만큼 기꺼이 타인들을 해하고 죽일 용의가 있었던 것이다. 후에 밀그램은 이렇게 회상했다. "나는 너무도 많은 복종을 목격했기에 굳이 독일까지 가서 실험할 필요성을 느끼지 못했다."

 윤석열의 미국과 일본에 대한 예측 복종은 눈물겨울 지경이다. 한국은 지정학적 특성과 경제적 특성 그리고 안보라는 특수적 환경에서 보다라도 외교적으로는 전략적 모호성을 유지할 수밖에 없음에도 불구하고, 윤석열은 조급하게 너무나 빠르게 자신의 성과 즉, "나는 문재인과는 다르다"를 보여 주기 위해 좌충우돌하고 있고, 미국이나 일본 등은 이러한 윤석열의 특성을 100% 활용하며, 자국의 실리를 챙겨 가고 있다.

미국과 일본의 가려운 곳을 알아서 긁어 주면, 미국과 일본이 우리가 원하는 것을 줄 것이라는 신앙적 믿음을 윤석열은 가지고 있는 것 같다. 2022년 5월 20일 오후 5시 22분쯤 전용기로 오산 공군기지에 도착한 바이든은 곧바로 삼성전자 평택 공장을 찾는 등 이전의 미국 대통령들과는 달리 파격적인 행보를 보였다. 윤석열과 이재용이 안내했다. 21일 짧은 정상회담을 한 후, 그랜드 하얏트 호텔에서 정의선 현대자동차 회장과 회동했다. 바이든은 두루뭉술하게 2차 전지와 반도체, 자동차 부문 협력 등을 말했지만 속내는 이들 '공장'을 미국으로 가져가겠다는 것이었다. 1년 뒤인 2023년 4월 26일 백악관 한미 정상회담 발표문에서, 윤석열 정부는 자체 핵 개발을 포기하는 대신 핵협의그룹(NCG) 창설과 미 핵전력의 정기적인 한국 기항, 착륙을 약속한 '워싱턴 선언'을 최대 성과로 홍보했다. 하지만 바이든은 달랐다. 정상회담 공동기자회견에서 간략히 동맹의 의미를 짚은 뒤 곧바로 "내가 취임한 뒤 한국 기업들이 1000억 달러 이상을 미국에 투자, 미국과 한국 노동자들에게 좋은 새 일자리를 제공했다"고 강조했다. 반면에, 미국 기업(넷플릭스)이 한국에 투자한 금액은 달랑 25억 달러, 38배의 투자 역조였다. 그런데도 대한민국 '1호 영업사원'은 만면에 웃음을 띠었다.

인간은 사회적 동물이다. 또한 본능적으로 다른 사람의 반응과 주변 상황을 중요하게 여긴다. 더 나아가 암묵적 가해자가 되지 않기 위해 그리고 집단의 가면을 쓰고 폭력을 행사하지 않기 위해 주위 상황이 우리에게 어떤 압력을 가하는지 면밀히 파악해야 한다. 이는 곧 무엇이 진실이고, 무엇이 정의인가를 파악하는 과정 그 자체이기도 하다. 진실과 정의는 허위와 불의에 승리함으로써 일어서는 것이 아니라 사람들의 사랑 속에서 태어나고 자라나는 것이다.

1987년 국민의 승리는 진실과 정의를 가져다준 것이 아니다. 독재체제가 가로막고 있던, 진실과 정의로 향하는 길을 열어 준 것일 뿐이다. 독재체제 아래서도 진실과 정의를 마음속에서 키우고 있던 이들이 있었지만, 보통 사람들에게는 너무나 힘들고 고통스러운 길이다. 보통 사람들도 걸을 만한, 꽤 편안한 길이 지금은 열려 있다. 진실과 정의를 얼마만큼 받아들일지는 각자의 성품과 판단력에 달려 있다.

진실과 정의에 입각한 행동은 그 자체로 아름답다. 예를 들어 보자. 1936년 7월 반란을 일으킨 스페인의 장군 프랑코(Francisco Franco, 1892~1975)는 '인민전선'과의 내전에서 승리하자 보복의 일환으로 소수민족이 사는 카탈루냐와 바스크 지방에서 자치제를 폐지하고 고유언어조차 금지했다. 내전 당시 인민전선을 지지했던 대표적인 작가가 영국 출신의 조지 오웰과 미국 출신의 헤밍웨이다. 조지오웰은 『카탈로니아 찬가』에서 '스페인의 역사는 1936년에 정지됐다'고 개탄했고, 헤밍웨이는 이 내전을 배경으로 한 소설 『누구를 위해 종을 울리나』를 썼다.

이때 인민전선을 지지하고 프랑코의 독재에 맞섰던 '파블로'란 이름을 가진 두 명의 예술가가 있다. 20세기 최고의 첼리스트인 파블로 카잘스(카탈루냐 출신)와 화가인 파블로 피카소(바스크 출신)다. 카잘스는 철저한 민주주의자로서 프랑코의 파쇼정권과는 일절 타협을 거부했을 뿐만 아니라 프랑코 정권을 외교적으로 승인한 국가에서는 연주를 하지 않겠다고 선언했고, 실제 영국에서는 한 번도 공연을 하지 않았단다. 피카소는 바스크 지방의 작은 마을 게르니카가 1937년 독일 공군의 공습을 받아 1,000여 명이 목숨을 잃었다. 이에 분개하여 〈게르니카〉란 불후의 명작을 남겼다. 피카소는 1973년 사망 직전, 스페인이 민주화된 이후에 〈게르니카〉를 스페인으로 옮기라는 유언에 따라 뉴욕 메트로폴리탄 미술관에 있던 그림을 마드리드의 레이나 소피아 국립미술관으로 옮겨 지금까지 전시되고 있다고 한다.

이에 대항하여 독재자들은 예측 복종을 일상화하고자 줄기차게 노력했다. 프랑코는 장기 집권을 용이하게 하기 위해 영화와 스포츠에 집중 투자 했다. 1947년에 500석 규모의 영화관이 3,000개나 있었고, 스포츠 중 축구를 좋아해서 레알 마드리드 팀을 전폭적으로 지원했지만, 1899년 협동조합으로 출발한 FC 바르셀로나를 탄압했고, 내전 중 프랑코 군대가 바르셀로나 회장 호셉 수뇰을 살해하자 해외 원정 경기중이던 바르셀로나 선수들 중 절반이 해외망명을 하기도 했다. 현재까지도 스페인에서 레알 마드리드와 바르셀로나는 숙명의 라이벌을 넘어 앙숙 중의 앙숙이며, 스페인 리그를 양분하고 있다.

스페인과 앞서거니 뒤서거니 하듯 미국 역시 제2차 세계대전 이후 필리핀에 대한 지배를 용이하게 하기 위해 이른바 3S(Screen, Sex, Sport)라는 정책을 도입하였다. 아무래도 국민의 비판 정신을 흐릿하게 하는 데는 영화와 스포츠가 꽤 효력이 있는 모양이다. 전두환도 쿠데타로 집권한 이후 프로야구팀의 창단을 필두로 축구 등에 집중 투자 했던 아픈 기억이 떠오른다.

윤석열 정부가 등장하자, 지금까지 민주주의의 다양성이라는 가치 아래 숨죽이고 있던 반민족주의 세력들(일명 극우)이 일제히 커밍아웃을 선언하고 있다. 내가 알고 있던, 전혀 그렇게 보이지 않은 지식인들도 상당수가 이 대열에 합류했다. 오히려 내 자신이 순천에 눌러앉아 있음을 감사히 여길 정도다. 이왕 커밍아웃하려면 한 사람도 빠짐없이 일렬로 줄 서기 바란다.

3부

# 역사는 항상 대중의 편이다, 다만 더디게 걸어갈 뿐

# 1. 전쟁 중인데 뭐 하십니까

　지금 전 세계 곳곳에서는 전쟁이 한창 진행 중이다. 러시아와 우크라이나처럼 물리적 강제력을 동원하여 죽기 아니면 살기로 싸우거나, 합법적 폭력 수단을 독점한 국가가 국민과 사회 운동 등을 대상으로 비경제적 영역에서 펼치는 사회적 전쟁(범죄와의 전쟁, 마약과의 전쟁, 성매매와의 전쟁 등)도 있다. 전자는 외부적 요인이 강력하게 작동하여 적과 벌이는 전쟁이지만 후자는 신자유주의라는 하나의 강력한 이념 무기를 이용하여 벌이는 전쟁이다.

　'국가는 끊임없이 비경제적 영역에서 개인이 안전을 위협받고 있음을 주지시키면서, 안전을 위협하는 세력과 싸움을 벌여야 하기 때문에라도 국가가 공권력을 독점해야 한다'고 떠벌리면서 국가가 존재해야 하는 이유를 국민에게 설득하려고 혈안이 되어 있다. 이런 상황에서 대다수의 국민들은 내 삶이 위협받고 있다는 공포를 느끼게 되고, 결국 국민들은 자발적으로 자신의 기본권을 반납하고 불편을 감수하게 된다.

　이명박·박근혜·윤석열은 신자유주의라는 이데올로기를 무기로 국민을 대상으로 전쟁을 벌였다는 공통점이 있다. 전쟁의 명분은 '기업 하기 좋은 나라'를 만든다는 것이다. 기업 하기 좋은 환경을 만들기 위해서는 온 국민이 자신의 불편과 손해는 감수해야 한다고 윽박지른다. 만약 그 손해와 불편을 감수하지 않으면 '국가의 적'이며, 더 나아가서는 국가와 사회의 안전을 저해하는 테러리스트라 몰아붙인다. 윤석열은 국민들의 반감을 억누르기 위해 테러리스트란 용어 대신에 '좌파', '공산 전체주의', '반국가주의 세력'이란 용어를 사용했다.

 제2차 세계대전 이후 냉전의 시작과 함께 자본주의와 공산주의라는 양 진영으로 갈라졌고, 대한민국은 자본주의에 기반한 제국주의로 인해 남북으로 갈라졌다. 동서 냉전체제가 붕괴된 이후, 전 세계 각국 정부가 한 목소리로 혼연일체가 되어 전 지구적 공조를 강조하면서 호소하는 유일한 정책이 바로 테러와의 전쟁이다.

 2019년 캐리 람 홍콩 행정장관은 '홍콩 범죄인 인도 법안'을 입법회에 제출했다. 이 법안은 2019년 세계 최대 이슈로 부상한 홍콩 민주화 운동을 촉발시킨 트리거였다. 그해 9월 4일, 캐리 람 행정장관의 공식 철회 선언을 통해 철회 절차가 시작됐고, 2019년 10월 23일자로 정식 철회되었다. 이 시위를 이끌었던 조슈아 웡은 "저는 경찰과 맞서거나 파괴를 하려고 거리로 나서는 게 아닙니다. 저는 정부의 잘못에 항거하기 위해 여기에 있습니다. 국민이 자기네 정부를 두려워해서는 안 됩니다. 정부가 국민을 두려워해야 합니다(I don't take to the street to clash with police or to destory. i'm here to protest what's wrong with the government. People should not be afraid of their governments. Governments should be afraid of their people.)"라고 외쳤다. 이는 뉴욕타임스에 의해 "홍콩의 마지막 편지(The Hong Kong, The Last Letters)"라는 다큐멘터리로 제작되어 전 세계인의 심금을 울렸다.

 이뿐인가. 프랑스에서는 한 번도 존재하지 않았던 '정치적 양심법'이 생겨났다. 더 나아가 전 세계는 불법적인 체포와 고문, 표현의 자유에 대한 탄압, 엄청난 벌금의 부과, 집시법 등 기본권의 개악은 물론 경찰의 군사화, 정보기관에 의한 조작 사건 등이 광범위하게 확산되고 있다.

한국도 예외는 아니다. 대표적으로 2009년 1월 20일. 용산 4구역 철거민과 전국 철거민연합 회원들이 재개발 보상문제를 둘러싸고 남일당 건물에서 농성 중이었다. 이 점거 농성에 공권력의 과잉 진압으로 인해 6명이 사망하고 23명이 부상 당하는 사건이 발생했다.

또한 2022년 10월 29일 용산 해밀턴 호텔 서편 골목에서 할로윈 축제 중 수많은 인파가 몰린 와중에 압사사고가 발생해 159명이 압사하고, 195명이 부상 당했다. 희생자의 대부분은 20대였고, 외국인도 26명이나 되었다. 하지만 국가는 이들의 억울한 희생에 맘 놓고 추모할 공간도 기회도 빼앗아 버렸다.

더욱 국민들을 분노케 한 장본인은 윤희근 경찰청장과 이상민 행정안전부 장관이다. 윤희근은 국회에서 추궁이 이어지자 "자기도 주말에는 즐길 권리가 있다"라고 항변해 분노를 유발했고, 이상민 장관은 국회에서 사퇴를 요구하자 "누군들 폼 나게 사표 던지고 이 상황에서 벗어나고 싶지 않겠나"라는 취지의 발언을 했다. 나는 이상민이 폼 나게 사표를 내 국민들의 분노와 원망에 답하길 기대했지만 그런 일은 일어나지 않았을뿐더러 심지어 경찰의 유례없는 강경 진압에 의해 희생된 유가족 농성자들을 '도심 테러리스트'라고 부르면서 강경진압을 정당화하였다.

이런 대형 사고가 발생하면 이전 정부의 책임자들은 정치적 책임을 지고 물러났다. 그러면 국민들은 이를 받아들이고 마음을 추스르면서 다시는 이런 참사가 되풀이되지 않도록 만전을 기해 주기를 부탁했다. 하지만 윤석열 정부에서는 최소한의 예의도, 최소한의 책임 의식도 갖추지 못했다. 이런 상황에서는 소위 영(令)이 서지 않을 뿐만 아니라 국가의 명령에 불복하고 덤벼들게 된다. 그러다 보니 극우 유튜버들은 소위 "듣보잡까지 나서서 탄핵을 외치고 설쳐 대니 나라 꼴이 말이 아니다"라는 막말을 거침없이 해댄다.

이탈리아의 철학자 조르조 아감벤(Giorgio Agamben)은 인간을 '말 하는 인간'으로 규정하였다. 또한 1995년 저서 『호모 사케르(Homo Sacar, 신성한 인간)』(1995)를 출간하여 세계적 주목을 받았다.

로마시대의 '호모 사케르(신성한 인간)'은 "죽여도 아무도 처벌을 받지 않지만, 절대 제물로는 바쳐질 수 없었던 사람"을 일컬었다. 소위 인도에서의 불가촉 천민과 같은 존재이다. 이들의 생명은 이중으로 부정당한 목숨이다. 첫째, 아무나 죽일 수 있다는 점에서 이들의 목숨은 생물학적인 가치를 전혀 인정받지 못했고 둘째, 이들은 신의 제단에 바쳐질 수 없다는 점에서 사회적인 가치도 정치적인 가치도 부정당했다. 즉 인간으로서의 가치도 동물로서의 가치도 부정당한 생명이다.

이런 관점에서 보면 용산 재개발 참사 희생자와 할로윈 희생자와 같은 사람들은 타인들로부터 추모될 수 없을 뿐만 아니라, 추모가 금지당한 존재들이다. 이들은 살아서는 경쟁에 뒤처져 잊힌 존재였고, 죽어서는 아예 존재가 말살된 이들이다. 이들이야말로 21세기의 신성한 인간(Homo Sacar)이 아니고 무엇이란 말인가.

프랑스의 철학자 미셸 푸코는 저서 『광기의 역사』에서 "중세의 권력은 죽이는 행위를 통해 자신의 힘을 보여 주고 통치"하였다고 주장한다. 우리나라 사극에서 종종 등장했던 능지처참이나 효수형과 같은 처형 방법은 통치자는 언제든지 죽일 수 있다는 전시행위를 통해 통치를 이어 가지만, 근대국가의 권력은 생명의 절대적 가치를 인정하고, 그 사회의 시민이라면 무조건적으로 그 생명을 살리는 일에 헌신하며, 아주 예외적인 경우에만 죽게 내버려 둔다.

살리는 정치인가? 아니면 죽이는 정치인가? 근대적 정치인가? 중세적 정치인가?에 대한 물음을 나에게 던져 본다. 용산 재개발 참사와 할로윈 참사의 희생자들은 중세 권력적 통치 방식의 전형적인 예이다. 반면에 2019년 4월 4일 대한민국 강원도 인제군을 시작으로 고성군과 속초시, 강릉시와 동해시 지역에 잇따라 발생한 초대형 산불에 대한 정부의 대처는 살리는 정치의 한 사례일 것이다.

푸코는 또 다른 저서『감시와 처벌(Surveiller et punir : Naissance de la prison)』(1975)은 현대 사회의 권력 작동 방식 즉 감시와 규율을 통해 개개인의 행동이 어떻게 통제되는지를 다룬 책이다.

푸코는 이 저서에서 '판옵티콘(Panopticon)' 개념을 활용해 현대 사회가 감시사회로 전환되고 있음을 경고한다. 특히 21세기 디지털 기술의 발달은 모든 인간의 움직임을 CCTV로 감시하게 되는데, 만약 전체주의적 사고를 가진 자가 국가의 지도자로 등장했다면 현대인의 삶은 피폐 그 자체로 전락하게 된다. 마치 조지 오웰의『1984』에서 "빅 브라더가 당신의 모든 행동과 감정을 바라보면서 감시"하는 사회가 멀지 않았는지도 모른다. 만약 빅 브라더와 같은 전체주의적 사고를 지닌 지도자가 등장한다면 시민들의 민주적 가치와 질서는 모조리 부정당하고 감시를 당연한 것처럼 여기면서 말이다.

우리는 어떤 인간으로 살아가야 하는가. 신성한 인간으로 존재할 것인가? 아니면 존엄한 존재로서 살아갈 것인가? 이건 선택의 문제라기보다는 생존의 문제에 더 가깝다. 즉 국가의 살리는 권력의 예외가 되어 버림

받은 사람이 바로 신성한 인간이다. 너나 할 것 없이 인간다운 인간이 되기 위해 탈락의 공포를 극복해야 하고, 경쟁에서 승리해야 하고, 망할지도 모른다는 공포를 극복해야 한다. 남부러울 것 없이 잘 나가다가 나락으로 추락하여 존재가 말살당한 사람이 되지 않기 위해 끊임없이 경쟁해야 한다. 그리고 반드시 이겨야 한다.

신자유주의의 이러한 횡포를 그냥 보고 있을 수만은 없지 않은가? 나는 그 힌트를 에릭 프롬에게서 얻고자 한다. 에릭 프롬은 『자유로부터의 도피』에서 이렇게 주장한다. "18세기 프랑스 혁명과 미국 독립혁명 등 자유주의가 발전함에 따라 제도적 신체적 속박에서 벗어나 육체적으로는 자유를 누리게 되었지만, 고독, 불안, 무기력감 등과 같은 '심리적 속박'으로 인해 자유로부터 도피하기 시작했고, 또다시 새로운 구속을 찾게 되었다. 프롬은 종교 교리에 의지하거나 파시즘과 같은 권위주의에 의지하기보다는 인간의 자발성과 개성을 발휘해서 주체적인 자유를 실현하는 방법으로 '~를 향한 자유'라는 적극적 자유를 모색"하자고… 역설한다. 에릭 프롬은 미래 사회를 다음과 같이 예상한다.

"인간성의 탄생과 자기실현의 방향으로 걸음을 내딛고자 하고, 전쟁의 위협을 없애는 것, 인간주의적 공동체주의를 통해 인간이 로봇화(자본주의와 공산주의)의 위험에서 벗어나야 한다. 이런 변화는 힘으로 이루어져서는 안 되며, 한 가지 영역에 국한된 변화는 모든 변화를 파괴할 수 있음을 경계하며 정치적, 경제적, 문화적 영역에서 동시에 이루어져야 한다."

이러한 사회는 프롬 자신이 저서『건전한 사회』에서 밝힌 미래의 사회상과 일치한다. 건전한 사회란 '사회 구성원들이 자신과 타인, 그리고 자연을 바라보되 참된 실재를 볼 수 있을 만큼 객관성 있는 이성을 갖게 되는 사회를 뜻한다. 구성원들이 선과 악을 알 때 자기 스스로가 선택하고, 의견이 아니라 확신하고, 신념을 가질 만큼 독립성을 갖게 되는 사회를 의미한다. 또 그 사회는 구성원들이 그들의 어린이들과 이웃들, 모든 사람과 자기 자신들, 모든 자연을 사랑할 능력을 계발한 사회를 의미한다. 그들은 모든 사람과 일체감을 느끼며 자기들의 개별성과 성실성을 유지하며 파괴가 아니라 창조를 통해서 자연을 초월하는 것이다.'

프롬의 '건전한 사회'를 나는 생명 가치가 중시되는 행복한 사회라 칭하고 싶다. 하지만 어떤 사회가 행복한 사회인지는 각자 갈망하는 바에 따라 다를 것이지만, 인간으로서 즐기는 삶을 보장해 주는 사회가 건전한 사회 아닐까를 생각해 보았다. 삶을 즐기는 주된 비결 중 하나는 자신에 대한 집착을 줄이는 것이 아닐까?라는 생각도 해 본다.

오연호가『우리도 행복할 수 있을까』에서 제시한 우리를 진정 행복하게 만드는 핵심 키워드 6가지가 생각나는 밤이다. 키워드만 소개하고자 한다.

> 첫째, 자유 – 스스로 선택하니 즐겁다. 둘째, 안정 – 사회가 나를 보호해 준다. 셋째, 평등 – 남이 부럽지 않다. 넷째, 신뢰 – 세금이 아깝지 않다. 다섯째, 이웃 – 의지할 수 있는 동네 친구가 있다. 여섯째, 환경 – 직장인의 35퍼센트가 자전거로 출퇴근한다.

한편에는 신자유주의가 강요하는 전쟁 같은 지옥이, 다른 한편에는 오연호와 버트란드 러셀이 제시하는 행복이라는 키워드가 교차하는 새벽이다. 이래저래 잠 못 드는 밤이 될 것 같다. 러셀의 이 말이 귓가를 맴돈다. "자신의 결점을 대수롭지 않게 여기는 법을 배워라", "외부의 대상들, 즉 세상 돌아가는 것, 여러 분야의 지식, 그리고 내가 호감을 느끼는 사람들에 대해서 더욱 관심을 기울여라."

## 2. 개소리(ON BULLSHIT)

　프랭크퍼트의 『ON BULLSHIT』[7]이 우리나라에 알려진 계기는 2015년 서울대학교 논술 지문에 일부 발췌되어 '빈말'로 번역되어 출제되면서 알려지게 되었다. 대한민국이라는 국가에서 서울대가 보여 주는 소위 입시 파워의 위력을 더욱 더 실감하게 된다.
　그 이후 미국에서는 2016년 미국의 대선 기간에 '가짜뉴스'와 트럼프의 막말을 둘러싼 현상을 해석하는 책으로 널리 인용되기도 했으니 "'글(文)'은 '칼(武)'보다 강하다"는 격언이 새삼스럽게 전율로 다가온다.
　『ON BULLSHIT』의 역자인 이윤은 "지면에 싣기에 부적절한 단어라는 느낌이 들어야 한다고 생각했고, 그래서 좀 더 비속어 느낌이 들도록 '개소리'로 번역하게 되었다"고 자신의 생각을 밝히고 있다.
　내가 생각하기엔 프랭크퍼트의 철학적 사유의 기초인 영미 철학의 전통에 비춰 본다면 이 의도가 타당성이 있다고 본다. 영미 철학은 분석적 기법을 그 기초로 한다. 특히 프랭크퍼트는 '개소리'를 협잡, 거짓말 등의 개념과 비교해 가면서 지금 이 시대에 만연해 있는 언어의 타락 현상과 그 특유의 본성을 탐색하면서 동시에 개소리 현상의 본질이 무엇인지, 그

---

[7] 'ON BULLSHIT'는 프린스턴 대학교 철학과의 해리 프랭크퍼트(Harry G. Frankfurt) 교수가 분석철학 특유의 꼼꼼한 개념 분석을 바탕으로 우리가 일상적으로 사용하는 '개소리'라는 말에 담긴 숨은 의미와 그것의 사회적 파급력에 대해 낱낱이 뜯어본다. 'bullshit'은 헛소리, 허튼소리, 엉터리, 실없는 소리, 허튼 수작, 허풍, 과장, 바보 같은 소리, 터무니없는 소리 등으로 번역된다. 해리 프랭크퍼트(Harry G. Frankfurt) 저, 이윤 역.『개소리에 대하여』(서울 : 필로소픽, 2016).

것이 왜 중요한 사회문제인지를 밝혀 내고 있기 때문이다.

맥스 블랙(Max Black)은 『협잡의 만연(The Prevalence of Humbug)』에서 "협잡은 항상 타인에 의해 행해지는 것이라는 특이한 속성이 있다"라고 비꼬았다. 특히 정치 분야에서 자기 편의 개소리는 개소리로 들리지 않는다는 익숙한 사실을 통해 검증되는데, 이는 카를 슈미트가 말했던 "적과 동지의 구별"에 기초한 내전 상태에 가까워진 오늘날(특히 대선이나 총선, 지방선거 등)의 정치적 언어게임에서 '진리'라는 규칙이 끼어들여지는 그 어디에도 없다. 대답 역시 없을 것이다. 이유는 단순하다. 각자의 뇌에 자리 잡고 있는 인지 편향이 작동하기 때문일 것이다. 이 인지 편향이 작동해 편승한 권력형 개소리가 정치 공간의 유력한 화법으로 영역을 넓혀 가고 있다는 느낌마저 든다. 지난 대선 기간에 윤석열의 비속어 발언 해명과 미국 방문 시 '날리면' 논란에 대한 해명을 듣고 있노라면 권력형 개소리의 전형적 특징이 나타난다.

블랙의 입장을 빌려 말하자면, "날리면" 주장은 일단 거짓말이 아니다. 그 해명을 들은 이성적 사고를 하는 사람들은 그 말에 속지 않을 것이고, 대통령 비서실 홍보수석의 해명은 누구를 속이려는 것이 아니기 때문이다. 여기서 문제는 속든 말든 대통령실과 윤석열은 관심이 전혀 없다는 점이다. 그저 우기려 히는 것에 가깝다. 그외 해명이 사실이 아니라는 것은 지지자도 알 것이고, 반대자도 알 것이고, 본인 자신도 잘 알 것이다. 즉, 사실이 아님을 모두 안다는 사실까지 알면서 우기는 것이다.

비슷한 사례로, 진나라(秦)의 환관 조고의 "지록위마(指鹿爲馬, 사슴을 말이라고 우김)"라는 고사성어가 생각난다. 지록위마는 사실이 아닌 것을 사실로 만들어 강압으로 인정하게 한다는 뜻이다. 다시 말하면, 권세를 마음대로 부림으로써 조고의 개소리에 굴복하게 만드는 것일 뿐이다. "날리면"과 "지록위마"는 사람들로 하여금 진리에 대한 무관심을 유발하는 것이 아니라 진리에 대한 무시와 경멸을 보여주는 권력 행동을 통해 자신의 권력이 어느 정도인지를 시험하는 개소리에 불과하다.

역으로 얘기하자면 자신이 진리 위에 서 있음을 만천하에 공포하는 위력 행사이다. 조고의 편에서 선 신하들과 윤석열의 옹호자들이 '지록위마'와 '날리면'이라는 개소리를 사실로 믿었을까? 윤석열의 옹호자 중에 조금이라도 생각할 줄 아는 사람이라면 믿지 않을 것이다. 이를 허위라고 주장하는 반대편에 맞서 자기 진영을 통일하여 비속어 논란으로 인한 난관을 돌파하기 위해 속아 주는 척하는 것일 뿐이라 해석할 수밖에 없다.

『ON BULLSHIT』에서 프랭크퍼트의 통찰은 '개소리'는 발언의 내용보다는 자신의 기획 의도를 상대에게 속인다는 점이다. 예컨대, 미국 독립기념일을 맞아 특정 대통령이 '건국의 아버지들이 신의 가호 아래 인류를 위해 새로운 기원을 창조했던 우리의 위대하고 축복받은 조국'에 대해 연설했다고 가정해 보자. 연설의 당사자인 대통령이 관심을 갖는 것은 사람들이 자신(대통령)에 대해 어떻게 생각할 것인가 하는 문제다. 그는 사람들이 자신을 애국자로, 조국의 기원과 사명에 대해 깊은 사유를 가진 사람으로, 미국 역사의 위대함에 깊은 관심을 가진 사람으로, 역사에 대한 자부심과 신 앞의 겸허함을 겸비한 사람으로 여겨 주기를 바라는 기획 의도를 가지고 연설했을 것이다.

이를 '권력형 개소리'와 비교해 보자. 권력형 개소리는 개소리와는 달리 굳이 자신의 기획 의도를 숨기지 않는다는 데 그 핵심이 있다. 이것은 자신의 속셈을 누군가가 알아차리는 것을 두려워하지 않는다는 것이다.

역으로 얘기하면 타인의 존재가 자기에게 미치는 영향력을 염려하지 않을 뿐만 아니라, 타인에 대한 일말의 존중도 남아 있지 않다는 뜻이 된다. 즉 사태의 진실이 무엇인지, 타인이 자신의 진심을 알든 말든 개의치 않는다. 오로지 자신이 진리보다, 타인보다 힘의 우위에 있다는 것을 각인시키는 데 관심을 둔다. 그렇기 때문에 권력형 개소리는 진리에 대한 무시와 타자에 대한 멸시라는 이중의 '악'을 수반한다는 점에서 '개소리'보다 심각한 사회적 해악을 끼친다.

권력형 개소리의 기획 의도 또는 궁극 목적은 먼저, 적과 동지를 명확하게 구분하여 자기편을 규합하고 상대편을 악마화하려는 것이다. 지록위마에서 사슴을 말이라고 거짓을 말하면 동지가 되고 사슴을 사슴이라고 진실을 말하면 적이 된다. '날리면'도 마찬가지가 된다.

기획 의도의 두 번째는 조고가 사실을 말한 신하들을 제거했듯이 윤석열 정부가 '날리면'이 아닌 '바이든'이라 보도한 언론을 상대로 자행했던 (정치) 보복은 권력형 개소리의 입장에서 보면 당연한 수순이었을 것이다.

아직까지도 '바이든'이냐, '날리면'이냐에 대한 팩트체크를 통해 사실임을 입증하려는 것은 권력형 개소리가 지니는 언어게임의 규칙을 제대로 이해했다고 볼 수 없다. 이러한 논란을 통해 우리가 알 수 있는 사실은 개소리가 산업화되었다는 점이다.

우리나라는 인터넷의 고도화, 종편 10여 년 동안 언론이 개소리의 생산과 유통에 앞장섬으로써 생존을 유지하는 업종으로 전락한 비참한 현실을 두 눈으로 똑똑히 목격하고 있다. 이런 현실에서는 진실에 가까운 뉴스보다는 잡담 수준의 가짜뉴스, 격투기 수준의 여야 간은 물론이고, 같은 당의 갈등을 확대해 보도하는 종편에 환호를 넘어 깊은 중독성까지 보여 주고 있다. 마약보다 바카라 게임보다 더 무서운 파급력과 중독성을 보여 주는 것이 가짜뉴스가 아닐까 생각해 본다.

# 3. 언어는 곧 그 사람의 또 다른 표현이다

'언어'는 의사소통의 핵심 매개체이다. 또한 '언어'는 사람의 됨됨이를 나타내 주기도 한다. 특히 대통령이 사용하는 언어에는 철학이 담겨 있어야 한다. 그래야만 진정성이 느껴지고, 공감이 생겨나고 신뢰가 쌓인다.

김대중 대통령은 국민에 대한 이해와 존중이 담겨 있는 언어를 사용했고, 노무현 대통령은 평이함과 명확성을 신조로 여겼다. 즉 복잡한 말을 사용하기보다 누구나 이해할 수 있는 단순한 언어로 대통령의 생각을 보통 사람의 언어로 전달하려 했다. 그러다 보니 야당으로부터, 언론으로부터 대통령의 언어가 아니라는 질타를 받기도 했었다. 하지만 노무현의 언어에는 설득력이 있었다. 많은 이들이 봉하마을에 정착한 노무현 전 대통령을 찾아 '한 말씀만 더…'라고 요구했음을 우리는 기억하고 있다.

윤태영이 쓴 『대통령의 말하기』 서문에는 이런 글이 있다. "말은 한 사람이 지닌 사상의 표현이다. 빈곤하면 말도 빈곤하다. 결국 말은 지적 능력의 표현이다."라고 대통령의 '말'에 관한 철학을 전한다. 이런 철학을 담고 있다면 '보통사람'이 말로 표현한다고 한들 크게 문제는 되지 않을 것이다. 설령 질타를 받더라도 말이다.

윤태영이 쓴 책의 본문에서 전달하고픈 몇 구절이 있어서 소개해 본다. 첫째, 최고의 전략은 '정면 돌파'다. 언제 어디서든 생각을 자신 있게 주장하려면 '확고한 소신'을 지녀야 한다. 문제의 본질이나 핵심을 피하지 말아야 한다. 둘째, 미사여구가 아닌 사실(팩트)로 상대의 마음을 움직여야 하고, 양해를 구하려거든 가장 이른 시점에 해야 한다. 그러면 '못한 일'도 감동을 줄 수 있다. '투명한 말하기'가 최고의 말하기고, 형식보다는 내용으로 승부하는 것이 최선이다. 셋째, 모호한 태도는 논란을 키울 뿐이다. '아니요'를 말하는 사람은 '아니요'를 들을 줄 안다. 침묵보다 '아니요'를 외치고, 공통의 이해를 끌어내고, 대화와 토론으로 검증하는 것이 '소통'의 시작이요 끝이다. 넷째, '정확한 전달'을 위해 구체적이고 분명한 한마디로 깊은 인상을 심고, 듣는 사람의 호흡도 고려하되, 비유는 쉽게 하라. 다섯째, 난감한 문제에 대해 상황의 유불리를 따지지 말고 대응하라. '말하기'에서 시기의 선택이 중요하다. 형식을 갖추기 전에 말해야 한다.

윤석열을 만났던 사람들은 한결같이 "모든 사항에 대해 모르는 것이 없다"라고 전한다. 대통령을 마치 '종합 예능인'으로 취급하는 모양새다. 대통령은 굳이 종합 예능인이 되어야 할 필요는 없다. 그리고 대통령은 그러려고 노력해서도 안 된다. '모르는 것'이 없는 사람은 이 세상에 존재하지 않는다. '말 잘하는 것'과 '말재주'는 다른 것'처럼, '말이 많은 것'과 '말 잘하는 것'은 전혀 다른 차원이다. 주제의 핵심에서 벗어났을 때, '아니요'라고 말할 수 있는 용기가 필요하다.

이제 본 주제로 들어가 보기로 하자. 윤석열은 12월 12일 오전 용산 대통령실에서 담화를 발표해 비상계엄에 대한 입장을 밝혔다. 직접 밝힌 입장문 중에서 언어 수준에 대해 논해 보고자 한다. 얼마나 상스러운 언어를 사용했는지, 몇몇 단어를 가지고 얘기해 보고자 한다.

"지금 야당은 비상계엄 선포가 내란죄에 해당한다며, 광란의 칼춤을 추고 있습니다.", "지금 대한민국에서 국정 마비와 국헌 문란을 벌이고 있는 세력이 누구입니까?", "거대 야당이 지배하는 국회가 자유민주주의의 기반이 아니라 자유민주주의 헌정 질서를 파괴하는 괴물이 된 것입니다." 등등. 전체적인 내용을 보지 않더라도 이 담화는 자기방어적이고 자기변명에 불과했다.

'광란의 칼춤', '국헌 문란', '거대 야당의 의회 독재와 폭거' 등의 용어 사용은 결국 자기 자신에게 향하는 독화살일 뿐만 아니라 술자리에서의 '막말' 또는 '상말' 수준이다. 2022년 9월 미국 순방 당시의 실언 논란을 국민들은 똑똑히 기억하고 있다. 합리적이고 이성적인 인간이라면 먼저 진심으로 국민에게 사과하겠지만, 윤석열은 전혀 그렇게 하지 않았다. 이 담화로 인해 스스로 파멸을 자초하고 말았다.

12월 7일 담화 내용으로 잠시 옮겨 가 보자. 윤석열은 오전 10시 "계엄 선포와 해제까지의 과정에서 국민들에게 불편과 불안을 끼쳐 드려 송구스럽게 생각하며, 많이 놀랐었을 국민 여러분께 진심으로 사과드리며, 이번 계엄 선포와 관련하여 법적·정치적 책임을 회피하지 않겠다"고 밝혔다. 이날 오후 5시, 국회에서 대통령 탄핵소추안 표결이 예정된 상황에서 여야 간 정치적 긴장이 고조되고 있던 시점이었다. 탄핵에 대한 국민의 힘 이탈표를 막기 위한 어쩔 수 없는 행동이었을 것이지만, 기존의 윤석열답지 않게 모든 것을 내려놓는 듯한 모습을 보였다. 오후 5시 '국민의힘' 당은 김건희 특검법안을 부결시키고 안철수 의원을 제외한 전원이 퇴장하였다. 투표 진행 중 김예지 의원과 김상욱 의원이 투표에 참여했지만, 의결정족수미달(재적국회의원 2/3)로 자동 폐기되었다.

7일 담화에서는 정치적·법적 책임을 회피하지 않겠다고 했지만, 14일 담화는 자신이 말했던 '법적·정치적' 책임을 회피하기 위한 변명으로 일관했다. 온갖 수사를 동원한 변명으로 '지금 이 순간만 넘기면 된다'는 자만과 오만이 가득했다. 자기 말에 관한 철학이 없으니 '이번만 넘기고 보자'는 자기기만이 가득했다. 인간적으로 가련함과 측은함이 느껴진다.

괴벨스는 "거짓말은 처음에는 부정되고, 그다음에는 의심받지만, 되풀이되면 사람들이 모두 믿게 된다"고 말했다. '섬뜩하다'는 생각이 드는 것은 나만의 우려일까. 국회에서 탄핵안이 통과될 것을 예상한 윤석열은 탄핵 이후 헌재 재판과 형사재판의 근거를 마련함과 동시에 자기 진영 지지자들의 결집과 그들에게 확신을 주기 위한 프레임 전환일 것이라고. 어제 말 다르고 오늘 말 다르고…. 순간의 위기만을 넘기기 위해 거짓 해명으로 일관해 왔던 사람이 한때 이 나라의 대통령이었다니 개탄스러울 뿐이다.

8년 전과 마찬가지로 국민들은 민주주의를 지키기 위해 또다시 '고난의 짐'을 지려 하고 있다. 한국 정치의 불확실성을 확실히 제거해 국민의 생존을 위협하는 싹을 잘라 내야 한다고 외치고 있다. 고난의 짐이 힘들다는 것을 알고 있는 국민들은 스스로 그 짐을 머리에 이고 등에 지고 같이 가자고 외친다.

윤석열이 이런 말을 내뱉는 이유는 간단하다. 자신의 잠재의식에 깊이 자리 잡고 있는 것, 즉 검사가 피의자를 낮춰 보고 깔아뭉개는 말이 입에 찰싹 들러붙었기 때문이다. 말의 힘을 아는 사람은 말을 멈추고 자기 홀로 머무는 시간을 갖게 마련이다. 달리 표현하면 가던 길을 멈추고 지나온 길을 되돌아보는 이른바 '성찰의 시간(고독력)'을 갖게 마련이다. 자기 말(언어)에 관한 철학(신념)을 눈꼽만큼이라도 가졌더라면 이런 담화를 발표하지는 않았을 것이다.

윤석열에게 대통령직은 너무 버거웠다는 것은 누구나 알았던 암묵적인 비밀이었다. 더 나아가 합리적이지 않은 사람일뿐더러 능력이 부족하니, 메타인지(meta-cognition, 자기성찰, 자기 객관화) 능력도 갖추지 못했다. 여기에 비극이 잉태되고 있었다고 봐야 한다. 익히 알려진 바와 같이 '주술'이 자신을 성공의 길로 이끌어 주었다고 굳게 믿듯, 윤석열·김건희는 비합리적인 주술의 힘을 절대적으로 신봉했던 것 같다. 오로지 '주술'의 힘으로 오늘의 위기를 극복할 수 있고, 무속만이 앞길을 개척해 줄 것이라는 비합리적인 믿음이 점점 더 자신들을 파멸의 길로 이끌고 있다는 것을 깨닫지 못하고 있는 듯하다.

사실 윤석열에게는 대통령직이 버거울 뿐만 아니라 국민의 세금으로 공짜 술 먹고, 거짓 출근하고, 해외여행 가서 쇼핑하고, 혹여 들키기라도 할라치면 가짜 뉴스라고 핏대를 올린다. 능력마저도 모자란다고 대다수 국민들은 느끼고 있었지만, 그것을 윤석열 자신만 모르고 있었던 것이다. 탄핵안이 국회에서 통과된 지금 가장 바람직한 방법은 스스로 대통령직에서 내려오는 길 밖에 달리 방법이 없다. 그만두는 것이 본인은 물론 가족, 국가, 국민들 모두에게 좋다. 지은 죄만큼 벌을 받겠다고 스스로 선언해야 한다. 그렇지 않고 헌재에서 탄핵이 인용되고 형사재판에서 무거운 중형이 선고되면 국민들은 끝까지 그를 용서하지 않을 것이다.

전두환과 윤석열은 쿠데타를 통해 영구집권을 꿈꿨을 것이다. 하지만 전두환은 성공했고, 윤석열은 실패했다. 전두환과 윤석열은 내란죄로 기소되었다. 내란죄는 사형 아니면 무기징역이 선고된다. 전두환은 측근들로부터 절대 지지를 받았지만, 윤석열은 소위 측근들의 내부 폭로로 인해 스스로 자멸할 가능성이 높다. 이를 지켜본 보수 논객인 조갑제는 두 사람에 대해 이렇게 말한다. "전두환은 욕먹지만, 윤석열은 인간적 경멸 대상"이라 평하면서 "윤석열의 발작적 비상계엄은 결국 망상적 행동의 결과"라고 평가했다.

이름이 기억나지는 않지만, 어떤 정치평론가는 유튜브에 출연하여 윤석열은 "꿈(하고 싶은 게 없다), 끼(재주가 없다, 재능이 없다), 깡(용기가 없다), 깜(일정한 자격이나 조건을 갖추지 못했다)"의 4가지를 갖추지 못했다고 질타했다. 실로 고개가 끄덕여진다.

14일 윤석열 탄핵안이 국회 본회의를 통과했다. 8년 전 박근혜 탄핵은 '이게 나라냐'을 외쳤던 국민들에게 헌법재판소는 제대로 응답했다. 그리고 국민들이 품위 있게 살 수 있는 길을 열어 주었다. 이번 윤석열의 탄핵은 국민주권 회복 즉 국민의 생존권을 회복시켜 주느냐, 못하느냐의 갈림길이 될 것이다. 그러나 우리 국민은 굳게 믿고 있다. 헌재는 반드시 그렇게 할 것이라고. 또다시 국민들을 거리로 내몰지 않을 것이라고.

윤석열은 물론 김건희 역시 말의 품격이 무엇인지 아직도 깨닫지 못하고 있는 것 같다. 그러니 작금의 상황도 국민들이 자신을 배신했다고 믿고 있고, 품위 없는 말을 통해 자신의 지지자를 결집시키려고 하는 것 같다.

스티븐 레비츠키와 대니얼 지블랫은 『Tyranny of the Minority : 어떻게 극단적 소수가 다수를 지배하는가』에서 자유민주주의를 위해서는 다수의 지배와 '동시에' 시민의 자유(소수의 권리)가 보장되어야 한다고 주장했다. 하지만 다수의 지배와 시민의 자유라는 원칙이 한순간에 무너지는 상황을 한국과 미국은 똑같이 경험해야 했다.

2021년 1월 6일, 미국인들은 상상조차 힘든 장면을 목격했다. 그것은 미국 대통령이 나서서 부추긴 폭동이었다. 이로써 4년에 걸친 민주주의가 쿠데타 미수로 정점을 찍었다. 한국은 2024년 12월 3일 미국인과 똑같은 경험을 했다. 한국인과 미국인들은 민주주의가 무너지는 장면을 목격하면서 공포와 혼란, 분노의 감정을 똑같이 느꼈다. 잠시 눈을 감고 민주주의에 대해 생각해 본다. 이래저래 생각이 많아지고, 일찍 잠들기는 글렀다.

# 4. 국민은 뽑을 권리도 있지만, 뽑아낼 권리도 있다

 1987년 6월 10일부터 29일까지 전국 각지에서 약 400~500만 명이 참여했던 6·10 민주항쟁의 도화선은 6월 10일 '박종철 고문살인 은폐조작 규탄 및 민주헌법쟁취 범국민대회'로부터 시작되어 6월 29일 노태우 민주정의당 대통령 후보의 '6·29특별선언'과 이 선언의 핵심이라 할 수 있는 대통령 직선제로의 개헌이 이루어져, 12월 16일 새 헌법에 따른 대통령 선거를 치를 수 있었다. 흔히 이렇게 형성된 체제를 '87년 체제'라 부른다.
 6·10 민주항쟁을 주도했던 세력이 정권을 수립하지 못한 아쉬움은 있지만, 아래로부터의 민주주의를 가능케 한 획기적 전기를 마련한 사건이었다. 더 나아가 민주 세력과 시민의 역량에 의해 권위주의 정부의 권력 독점 시도를 저지했다는 자부심, 시민사회의 정치적 의식의 성숙, 노동운동을 비롯한 각종 대중운동의 활성화에 지대한 공헌을 하였다.
 '87년 체제'에 의한 첫 대통령 선거에서 노태우가 제13대 대통령에 당선되었다. 이어 14대는 민간인 출신인 김영삼이 대통령에 당선되어 자칭 '문민정부'라 명명되었지만, 수평적 정권교체라 부르지 않았다. 이때까지만 해도 대한민국은 반공 독재 시대에 뿌리를 둔 수구파의 힘이 만만치 않음을 입증했지만, 이 세력은 곧바로 위기에 직면하게 된다.
 특히 1987년 이후 수구세력이 수세에 몰리게 된 결정적 계기는 국민의 민주화 열망과 전 지구적 냉전 해소의 여파 때문이었다. 여기에 더해 1997년 경제 위기가 덮치자 수구세력이 분열하고 그 일부가 야당과 연합하여 15대 대통령에 김대중 후보가 당선되면서 자유민주주의에 기초한 수평적 정권교체, 즉 '자유'도, '민주주의'도 살아 숨 쉬는 국가가 탄생했다. 일부 수구세력의 김대중 후보의 선택은, 고개를 숙여 책임을 회피하면서도 자신들의 힘을 지키고 실속을 챙기는 전략이었다고 할 수 있다.

경제 위기의 성공적 극복, 국민들의 민주화 열망은 2002년 노무현 후보의 당선으로 이어졌고, 2004년 총선에서 의회 다수당 자리까지 차지했다. 이후 대한민국은 동북아는 물론 국제사회에서 인정받는 민주주의 국가로 발돋움 중이었고, 남북 간 화해 협력 분위기를 조성해 전쟁 걱정 없는 일상에 매진할 수 있었다.

2002년 대선에서의 패배, 2004년 총선에서 의회 다수당까지 빼앗긴 수구파는 벼랑 끝에 몰렸다. 이 위기를 돌파하기 위한 노력의 일환이 '뉴라이트 운동'이다. 이들은 김대중·노무현으로 대표되는 '진보진영'으로부터 정권을 되찾아오기 위해 '잃어버린 10년'을 외쳤고, 당시의 보수진영을 수구파 중심으로 결속시켜야 할 필요성을 느꼈을 것이다. 이를 위해 자신들만의 정책 노선이 필요했고, 그 출발점이 뉴라이트 역사관이다.

홉스(Thomas Hobbes)는 1651년, 인간을 이기적 존재로 규정하고 사회를 "만인에 대한 만인의 투쟁"으로 설명했다. 홉스의 이러한 지적에 인류학자들은 수렵·채집 단계에 머물러 있는 미개사회를 연구한 결과를 발표했다. 이들이 대상으로 삼았던 종족은 남아프리카 칼라하리사막 주변의 '부시먼족'이었다. 이 종족에 대한 연구 결과는 "미개는 곧 야만"이란 통념을 깨뜨렸다.

인류학자, 고고학자, 언어학자, 영양학자들의 부시먼족에 대한 공동연구에 의하면, 영양학적으로도, 훌륭한 먹거리(쥐, 뱀, 벌레 등)를 취했고,

사회성 관찰에서 구성원들의 '연대감'을 매우 중시했다. 이 종족은 식량을 오래 보관할 수 없으니 사유재산의 개념이 약한 것은 당연한 일이지만 '남보다 뛰어난 존재'가 되는 길조차도 막혀 있었던 것이다.

다른 미개사회에 대한 연구결과에서도 일반 문명인들을 놀라게 할 만한 평화와 평등의 모습이 많이 보고되고 있다. 투쟁적인 모습이 전혀 보이지 않은 것은 아니지만, 농업 문명을 겪지 않은 인간의 모습에서는 평화와 평등이 일반적 양상이고, 이기심과 투쟁은 특별한 상황에서 나타난 것이라 이해할 수 있을 것이다.

갑자기 곁다리로 빠진 이유가 2024년 12월 말 현재 우리나라 수구세력은 뉴라이트와 마찬가지로 '인간은 이기적 존재'라는 확신에 근거하고 있다는 느낌을 지울 수 없다. 홉스가 주장한 '인간의 이기성'은 뉴라이트 주장과는 전혀 다른 의미이지만, 대한민국의 수구세력은 자본주의 모순을 완화할 필요가 없을뿐더러, 정글 자본주의로 돌아가야 한다고 외치는 중이다. 또한 이들은 민족에 대한 소속감도 국가에 대한 충성심도 전혀 없는 자들이다. 오로지 자본계급, 투기 세력에게만 소속감과 열정을 보이는 자들이다. 이러한 수구세력은 이명박을 지지했고, 박근혜를 지지했고, 윤석열을 지지하고 있고, '국민의 힘' 당을 지지하고 있다.

'사이비(似而非)'는 겉으로는 비슷하나 본질은 완전히 다른 가짜를 의미한다. 고대 그리스의 철학자 소크라테스는 "문자는 진리가 아니라 사이비 진리일 뿐"이라며 생각의 문자화를 경계했다. 우리의 모든 생각을 어찌 다 문자화할 수 있겠는가? 진정성 있는 생각만을 문자화하기도 힘들다. 문자화된 생각들을 다 읽는다는 것도 실은 불가능하다.

사이비의 판별 기준은 '진정성'이 있느냐, 없느냐에 있다고 본다. 이명박, 박근혜, 윤석열 정권은 집권 기간 내내 대한민국 건국은 1919년인가? 1948년인가? 일제강점기 이 땅의 주인들의 국적은 대한민국이었냐, 대일본국이었냐에 대한 논쟁으로 일관하고 있다. 대단한 집중력과 끈기를 보여 주고 있다. 1919년을 건국으로, 대일본국인이었다고 주장하는 이들은 사이비들이다. 건국이 언제였는가, 국적이 어디였는가에 대한 논의를 통해 이견을 좁히고 공감을 늘리기보다는 편 가르기로 대립을 격화하는 데서 정략적 이득을 찾고자 하는 자들은 사이비다.

김기협은 『뉴라이트 비판』 개정판 서문에서 "정치를 직업으로 하는 사람들은 지적 수준이 높든 낮든 나름대로 자기 목표를 세워 꾸준히 노력한다. 하지만 분란을 틈타 '어쩌다' 자리를 차지한 사람에겐 그런 직업의식이 없다. 꾸준한 노력에 의한 '성공'이 아니라 화끈한 요행에 의한 '승리'만 바라본다"라고 질타했다. 성공한 사이비는 이렇게 탄생하는 것이다.

우리가 살고 있는 지금 이 시대는 대립과 편 가르기가 화합과 협력보다 유리한 상황이다. 그 중심에는 '사이비 대통령'이 있다. 대통령이 되기 위한 준비가 없었던 사람이 덜컥 대통령이 되었다. 그들은 대통령의 권력만 생각했지, 대통령의 책임은 전혀 고려하지 않는다.

이러한 사이비 정권들이 만약 자기들은 "다수 국민의 지지를 받아서 성립한 것이니, 문화적 정치적 퇴행도, 경제적 양극화도 다수 국민의 뜻"이라고 주장한다면 할 수 없는 일이다. 하지만 다수 국민에게는 뽑을 권리도 있지만 뽑아낼 권리도 있다는 것을 망각해서는 안 된다. 자신에게 부여된 권한을 민간인에게 위임했다가 박근혜는 헌재에서 파면당해 권리를 박탈당했고, 구속당했다. 윤석열도 그런 처지에 놓여 있고, 대한민국이라는 집단지성에 의해 반드시 그렇게 될 것이다. 잠시 시간이 걸릴 뿐…

2024년 12월 27일 검찰 특수본은 계엄 관련 인물들 가운데 처음으로 김용현을 내란 중요임무 종사와 직권남용 혐의로 기소했다. 또한 윤석열의 내란 혐의와 직접 관련된 10장짜리 자료에 담긴 내용도 상당 부분 공개했다.

검찰이 공개한 자료를 보면, "계엄을 실행한 윤석열의 불법 지시는 물론 사전 계엄 논의와 관련된 내용", "윤석열이 전 경찰청장 조지호에게 국회의원들을 체포하라고 직접 전화한 내용", "전 수방사령관 이진우에게 문을 부수고 들어가 총을 쏴서라도 의원들을 끌어내라는 지시"를 내렸다고 밝혔다. 12·12쿠데타의 주역 전두환도 끝까지 부인했던 발포 명령을 이진우에게 내린 '우두머리'임을 스스로 입증한 것이다. 또한 홍장원 전 국정원 1차장에게는 주요 정치인이나 일부 언론인을 싹 다 잡아들여 정리하라고 지시하기도 했던 것으로 조사됐다.

같은 날 국회 본의장에서는 한덕수 대통령 권한대행의 탄핵 투표를 앞두고 긴장감이 고조되고 있었다. TV 자막에서는 "윤석열의 발포 명령이 있었다"는 내용이 등장하고 있었다. 우원식 국회의장이 대통령 권한대행의 탄핵 결의 인원이 재적의원 과반수(151)명이라고 발표하자, 국힘당은 국회의장석 앞으로 몰려가 이렇게 외치는 퍼포먼스를 했다.

원천 무효! 원천 무효!
의장 사퇴! 의장 사퇴!

이 퍼포먼스는 국민들의 공감을 얻지 못하고 오히려 회화화되어 각종 포털과 유튜브에 유통되고 있다.

원천 무효! 원천 무효! - 온천 무료! 온천 무료!
의장 사퇴! 의장 사퇴! - 의장 핫해! 의장 Hot해

"줄 탄핵"을 언급하는 기사나, "권한대행의 권한대행"이란 용어를 공공연히 들먹이는 방송, 그리고 신문의 기사들이 언론이라는 이름을 붙이고 '회자'되고 있다. 단언컨대, 이런 단어를 입에 올리는 사람이나 언론은 윤석열의 복귀를 간절히 원하는 내란의 동조 세력이다. 더 나아가 민주당이 국무위원을 줄줄이 탄핵해 국정 혼란이 이어지고 있다는 주장도 개소리이다. 헌법에 '권한대행의 권한대행'이란 단어는 없다. 다만, 대통령 권한대행의 순번만 있을 뿐이다. 즉 한덕수가 권한대행을 하다 탄핵당하면, 최상목이 권한대행을 하고, 만약 최상목 대행이 탄핵당한다면 이주호가 권한대행을 하는, 그런 순번만 있을 뿐이다.

국민이 뽑아낼 대상은 대통령뿐일까? 2024년 12월 29일 제주항공 여객기 추락사고로 179명이 희생된 대(大)참사가 발생했다. 비상한 시국과 함께 참으로 가슴 아픈 사고였다. 고인들의 영면과 명복을 빌며, 희생자 가족에게 위로를 드린다. 윤석열이 사라지니 이렇게 빠른 수습이 이루어지니 이를 역사의 아이러니라 해야 하나. 최상목 권한대행은 1월 4일까지 국민 애도 기간을 선포했다. 잘한 결정이라 생각한다. 하지만 권한대행에게 부여된 역할에만 충실해야 할 것이다. 만약 그렇지 않다면 최상목 권한대행 역시 국민의 준엄한 심판을 면하기 어려울 것이다. 최 권한대행에게는 딱 하루가 남았다. 내란 공범이 되지 않길 바랄 뿐이다. 몸살감기 약 때문인가? 침대에 누워도 천장만 빙빙 돌 뿐 눈이 감기지 않는다.

# 5. 평강공주의 신드롬은 허상이다

노무현 대통령은 "쿠데타는 실패하면 죽는 겁니다…. '안 됩니다'. 안되는 것을 되게 하려면 떳떳하지 못했던 모든 사람이 숙청되면, 저도 숙청 대상이 되어야 합니다. (…). 많은 국민들은 먹고 사는 것이 제일 중요한 것인데, 대통령이 말을 아껴야 하는데도 가서…. 저를 중심으로 세상을 바꾸려 한 것이 아니라 세상이 바뀌는 방향으로 동참하면서 저를 바꾸었습니다. 전략은 '원칙과 신뢰', '투명과 공정', '대화와 타협', '분권과 자율', 이러면…(한나라당과 다르죠?)."라고 말했다. 그러면서 "신뢰가 무너진 사회는 존재할 수 없습니다. 이 믿음을 바로 세우는 것이 가장 중요한 일이라고 한다면, 어떻게 해야 하는가? 말대로 행동하면 되는 것입니다. 그래야 믿음이 생깁니다."

2024년 12월 29일은 윤석열이 공수처로부터 3차 출석 통보를 받은 날이다. 받아야 할 조사는 받지 않고, 탄핵안이 가결된 지 보름이 지난날, SNS에 제주항공 여객기 참사와 관련해 엉뚱하게도 대국민 메시지를 냈다. "참담한 사고가 발생했다", "깊은 애도와 위로의 마음을 전한다", "애통하고 참담한 심정"이라면서, 정부를 향해 "사고 수습과 피해자 지원에 최선을 다해 줄 걸로 믿는다"라는 글을 올렸다. 글 어디에도 국민들에게 '사과한다', '죄송하다', '송구하다'란 말 한마디도 없었다. 더 이상 쓸데없이 국정에 개입하지 말라는 국민들의 준엄한 경고를 잘 되새기길 바랄 뿐이다.

노무현과 윤석열의 말을 비교해 보자. '대통령이 무엇을 하고 싶어 하는가?', '지금 내가 해야 할 일이 무엇인가?', '어떻게 말해야 하는가?'를 역설한 노무현 대통령의 말과 비교해 보면, 명징해진다. 앞선 글에서 윤석열은 4가지 즉 "꿈(하고 싶은 것), 끼(재주, 재능), 깡(용기), 깜(자격, 조건)"이 없다고 했다. 국가적으로 보면 비극일 수밖에 없다.

이때 머리를 스친 것이 온달 설화를 밑바탕으로 한 "평강공주 신드롬"이다. 평강공주 신드롬은 두 가지 해석이 가능하다. 첫째는 '다른 사람의 단점을 고칠 수 있다'라는 관점이고, 두 번째는 '현명한 아내가 어리석은 남편을 개발시켜 성공에 이르게 하는 것'이라는 관점이다.

결론부터 얘기하자면 첫 번째, 인간의 본성은 고칠 수 있는가의 문제이다. 나는 없다고 믿는다. 그 실례로 두 가지를 들겠는데, 하나가 1789년 프랑스 대혁명이 성공한 뒤, 유럽으로 망명했던 귀족들은 혁명 정부에게 충성을 맹세하고 귀국했을 때, 나폴레옹에게 고개를 숙이는 모습을 보고 권력의 힘을 새삼 깨닫게 된다. 나폴레옹은 그 힘(권력)에 심취해 당시 유럽의 최강자였던 러시아 황제의 굴복을 받기 위해 모스크바를 침공하여 실패한 뒤, 결국에 그는 세인트헬레나섬으로 유배되어 생을 마감하게 된다.

또 하나는, '가짜 모범생'의 경우이다. 이들은 힘이 없거나 약할 때는 규범이나 규칙을 맹목적으로 준수한다. 하지만 스스로 힘을 가졌다고 생각될 때는 모든 것을 무시하고 그 힘을 맹신하고 폭주한다. 특히 권위주의적 성격을 가진 사람이라면 두말할 나위가 없다. 윤석열의 검찰총장 시절을 '분노'와 '감정'이라는 개념과 관련해 설명해 보면 어느 정도 이해가 될 것이다.

우리는 통상 '분노'라는 감정을 일으키는 원흉으로 어떤 개인 혹은 집단을 지목한다. 하지만 더 깊이, 정직하게 파고들어 보면 나에게 분노나 좌절을 유발하는 원인은 그보다 깊은 뿌리를 가지고 있음을 알 수 있다. 그것은 어린 시절 겪었던 어떤 사건일 수도 있고, 혹은 특정 여건이 맞아떨어지면 감정의 방아쇠가 될 경우일 수도 있다. 내가 언제 분노하는지의 상황을 유심히 들여다보면 분명한 패턴을 찾아낼 수 있다. 그러나 정작 화가 나는 순간에는 우리는 전혀 이성적이지 않고 앞뒤를 재지도 않으며 그저 감정의 파도에 올라탄 채 일렁대며 손가락질을 해댈 뿐이다. 다른 수많은 감정에 대해서도 같은 이야기를 할 수 있다. 특정 유형의 사건이 벌어지면 갑자기 자신감이나 불안감, 초조함, 사람에 대한 끌림, 관심에 대한 갈증 같은 것이 치솟는다.

다음은 인간의 '감정'이 진화해 가는 과정을 살펴보면, 이해가 간다. 우리 선조들은 살아남기 위해 언어가 발명되기 훨씬 전부터 이미 서로 잘 소통할 수 있어야 했다. 선조들은 기쁨, 수치, 감사, 질투, 원망 등 새롭고 복잡한 여러 감정을 진화시켰다. 이런 감정은 얼굴에 즉시 드러나서 지금 느끼는 기분을 빠르고 효과적으로 전달했다. 그러다 보니 인간의 주변 사람의 기분이나 감정에 매우 민감하고, 그 때문에 온갖 행동을 벌인다. 무의식적으로 남을 따라 하고, 남이 가진 것을 갖고 싶어 하고, 분노나 폭동이 들불처럼 번질 때 거기에 휩쓸린다. 우리 인간은 자신 스스로 자유의지에 따라 행동하고 있다고 믿지만, 그것은 우리의 행동이나 반응이 집단 내 다른 사람들의 감정에 얼마나 민감하게 영향을 받는지 몰라서 하는 이야기다.

하지만 두 번째 가설은 어느 정도 고개가 끄덕여진다. 동서고금을 막론하고 여자에 따라 남자의 성향이 바뀐다고 하는 것은 어느 정도 인정되어 왔다. 특히 선한 여자와 결혼한 나쁜 남자는 선해지고, 악한 여자와 결혼한 선한 남자는 악해진다는 가설 말이다. 이를 인간 본성에 빗대어 설명해 볼까 한다.

내면 저 깊은 곳에서 우리를 이렇게 좌지우지하는 힘들의 집합을 '인간 본성'이라 부르기로 하자. 인간 본성은 우리의 뇌 구조가 이미 특정한 방식으로 구조 지어져 있는 데서 비롯된다. 신경계의 구성이나 인간이 감정을 처리하는 방식도 거기에 영향을 미친다. 이런 것들은 모두 인간이라는 종(種)이 500만 년에 걸쳐 진화하는 동안 서서히 만들어지고 발달한 부분이기 때문이다. 인간 본성을 뜯어 보면 생존을 담보하기 위해 사회적 동물로서 인간이 아주 독특한 방식으로 진화해 온 것과 관련된 내용이 맞다. 우리는 다른 사람과 협력하는 법을 배우고, 고차원적 수준에서 자신의 행동을 집단에 맞추고, 집단의 규율을 유지하고, 새로운 소통방식을 고안해야만 했다. 태곳적에 이루어진 이런 발달의 내용은 아직도 우리 안에 계속 살아남아 우리의 행동을 결정한다. 우리가 아무리 고도로 발달된 현대 사회를 살고 있더라도 말이다.

이제 평강공주 신드롬으로 돌아가 보자. 논란이 되는 지점은 '온달'이 바보였는가, 아니면 설화를 빛내기 위해 바보로 만들어졌는가의 추론이다. 온달 설화에 따르면, 고구려 평원왕은 울보였던 평강공주가 울 때마다 바보인 온달에게 시집 보내겠다고 놀렸다고 한다. 사실 평강공주는 어릴 때부터 아버지에게 가스라이팅 당한 것이다. 이후 평강공주는 평원왕이 상부 고 씨에게 시집보내려 하자 이를 거절한 이후 궁궐에서 쫓겨난다. 갈 곳 없는 평강공주는 온달 모자를 찾아가 설득하여 결혼을 한다.

"온달은 바보이며, 누추한 집에서 거주하며, 집도 가난하여, 구걸하여 눈이 멀어 앞을 볼 수 없는 어머니를 봉양했지만, 마음만은 명랑했다"는 삼국사기의 기록을 볼 때, 아마도 온달은 고구려에서 국민 바보쯤으로 소문이 자자했을 것이고, 이 소문이 왕실에까지 알려졌을지도 모른다.

아무리 아버지에게 가스라이팅 당했다고 해도 평강공주가 이런 온달에게 애정을 느꼈을까? 평강공주는 왕실에서 쫓겨난 이상 더 이상 돌아갈 곳이 없다. 그러느니 차라리 온달에게 투자하자. 공주는 생각을 이렇게 바꾸어야만 했다. '온달은 못생긴 것이 아니라 꾸미지 않았을 뿐이고, 집이 가난한 것이 아니라 검소할 뿐이고, 바보가 아니라 마음이 순수하고 때 묻지 않은, 착한 사람이야'라고 말이다.

평강공주는 왕실에서 쫓겨날 때 가지고 나온 금팔찌를 팔아서 집을 사고, 땅을 사고, 온달이 글공부를 할 수 있도록 노비를 사서 일을 시키고, 비루한 말을 사서 훌륭한 적토마 같은 말을 만들었다. 온달은 매년 왕실에서 개최한 사냥대회에 나가 타의 추종을 불허한 화살 솜씨로 짐승을 잡아 1등을 하고 평원왕으로부터 사윗감으로 인정받는다.

현대적으로 바꿔 해석한다면, '현명한 아내가 어리석은 남편을 개발시켜 성공'에 이르게 한다는 '우부현녀(賢女愚夫)'식 이야기이다. 임기환 교수는 평원왕의 정치적 계산이 숨겨져 있다고 말한다. "왕권 강화와 안정을 노리는 평원왕이 기존의 귀족 세력을 견제할 필요와 자신을 지지할 신진세력을 포섭할 필요가 있었는데, 그러한 세력의 대표적 인물이 온달이었다는 해석"이다.

나는 이 해석이 가장 타당하다고 생각된다. 윤석열도 이런 정치적 능력을 발휘했어야만 했다. 하지만 윤석열은 너무도 안이하게 이명박계의 인물들, 박근혜 세력을 끌어들여 정부를 꾸렸다. 그 중심에는 김건희가 자리하고 있었고, 김건희는 주술 세력과 손잡았다. 그러니 국민의 눈높이를 맞출 수 없었다. 그리고 야당과는 일절 대화를 단절했다.

KBS 김재원 아나운서는 "대화'는 유리공을 주고받는 것과 마찬가지여서 유리공을 잘 받으려고 조심하고, 잘 주려고 노력하는 과정 모두가 필요하다고 얘기했다." 참으로 탁견(卓見, 뛰어난 의견이나 견해)이다. 하지만 윤석열은 위에서 언급한 '가짜 모범생'의 전형이다. 자신에게 주어진 권력을 제대로 사용하지 못하고 결국 탄핵으로 사라지게 되었다. 가짜 모범생과 가짜 인생의 만남은 이렇게 서서히 마감되려 한다. 남은 건 법의 심판일 뿐.

난, 평강공주의 신드롬은 인간본성을 후천적 노력에 의해 통째로 바꿀 수 있다는 일종의 오만(傲慢, 건방지고 거만함)함의 극치라 생각한다. 이 오만함을 잘못 작동시켰던 사람이 김건희다. 그녀 자신의 아버지가 왕일 리가 없고, 자신은 더더군다나 공주일 리가 없는데, 멀쩡한 남자를 바꿀 수 있다고 생각하는 그 자체가 흰소리(허풍)일 뿐이다. 고대 그리스의 페리클레스, 로마의 카이사르, 프랑스의 나폴레옹 보나파르트와 루이 나폴레옹, 나찌 독일의 히틀러 등은 민중의 지지를 토대로 법망을 우회하고 제도를 교묘하게 이용하여 독재자나 황제가 된 경우에 속한다. 주술적 힘을 빌어 손비닥에 왕자를 써서 다닌다고 왕이 되는 경우는 내가 알기로는 한 번도 없었다.

"젊은이여, 결혼하라. 좋은 처를 만나면 행복할 것이고, 악처를 얻으면 철학자가 될 것이다. 효자보다 악처가 낫다. 결혼은 해도 후회하고 안 해도 후회한다." 소크라테스가 말했다는 이 유명한 일화(逸話, 세상에 알려지지 않은 흥미로운 이야기)가 귓가를 맴돈다. 그렇다면 김건희의 최후는….

# 6. 조국 신드롬은 어떻게 형성되었는가

　조국 전 법무부 장관은 2024년 2월 13일 기자회견을 통해 "검찰 독재정권 종식을 위한 불쏘시개가 될 것"이라 밝혔다. 조 전 장관은 지난 8일 자녀 입시 비리와 청와대 감찰 무마 등의 혐의로 항소심에서도 징역 2년을 선고받은 이후 기자들과 만나, "검찰 개혁을 추진하다가 무수히 찔리고 베였지만 그만두지 않고 검찰 독재의 횡포를 막는 일에 나설 것"이라고도 강조하면서, "많이 부족하고 여러 흠이 있지만 여기서 포기하지 않고 새로운 길을 걸어가겠다"면서, 총선을 앞두고 정치 참여의 뜻을 명확히 밝힌 바 있다. 문재인 전 대통령도 조국 전 장관을 만난 이후 "검찰개혁을 비롯해 더 잘 할 수 있는 것으로 민주당의 부족한 부분도 채워내며 민주당과 야권 전체가 더 크게 승리하고 더 많은 국민으로부터 사랑받길 기대한다"고 밝혔다.

　이런 전제를 바탕으로 '조국(祖國) 혁신당'의 지지율이 고공행진을 하는 이유는 무엇일까?를 생각해 보기로 하자. 조국은 기자회견에서 10석을 목표로 한다고 희망(?)을 피력했다. 이때 당시만 해도 글자 그대로 '희망'일 수밖에 없었다. 하지만 이후 전개된 상황은 '10석 이상도 가능하겠는걸…'이라는 기대'를 갖게 한다. 하지만 지난 5년을 찬찬히 뜯어보면, 조국은 냉탕과 온탕을 오가면서 비난과 탄식을 자아내는 대상이었다. 한편에서는 당연히 잘못했으므로 법의 심판을 받아 '감옥'에 가는 것이 당연하다고 주장했다. 다른 한편에서는 고개를 저으면서 일단 '지켜보자'라는 입장도 있었다. 물론 검찰을 맹비난하면서 '검찰개혁'을 외치는 그룹 등이 혼재하면서 대한민국의 모든 이슈를 빨아들이는 '블랙홀'이기도 했다.

하지만 현재의 조국 신드롬은 여러 이유가 있겠지만 크게 보면 조국에 대한 '측은지심(惻隱之心)'과 윤석열에 대한 '분노'가 결합되어 있다고 본다. 조국은 문재인 대통령의 청와대에서 '민정수석비서관'으로 근무한 이후 법무부장관에 임명되었다. 이때부터 수난의 역사가 시작된다. 조국은 윤석열의 검찰사단에 의해 부당한 권력을 이용해 '사모펀드'로 돈을 번 '나쁜 놈'이라고 칭해지면서 수사가 시작되었지만, 이에 대한 명확한 증거가 나오지 않았고 실제 법원에서도 대부분 무죄가 선고되었다.

하지만 검찰은 '입시 비리' 등의 별건으로 수사를 확장해서 조국의 아내 정경심은 대법원에서 최종 유죄가 확정되어 4년을 복역했고, 딸 조민은 고려대 입학 취소, 부산 의전원 입학 취소가 결정되어 고졸(高卒) 학력자가 되었다. 조국 역시 2심에서 자녀 입시 비리와 감찰 무마 등의 사건으로 징역 2년형을 선고받았다. 만약 대법원에서 최종 확정된다면 2년의 실형을 살아야 한다. 아마도 자녀 입시 비리 혐의로 교수 출신 부부가 최초로 실형을 살게 될 가능성이 매우 높아졌다.

이런 상황에서 총선 참여를 선언했으니 뜨거운 논란이 될 수밖에 없다. 그럼에도 불구하고 지지율이 고공행진을 하는 이유에는 조국에 대한 '측은지심'과 검찰개혁, 윤석열 정부의 조기종식이라는 명확한 슬로건이 정치 무관심층은 물론 민주당에 불만을 가진 국민들의 지지를 받고 있다고 봐야 할 것이다. 조국이 가는 곳마다 지지자들의 공통된 한마디는 '눈물난다'라는 반응을 보이는 것이 이를 입증해 준다.

더 나아가 조국 개인의 입장에서 본다면, 검찰권이라는 칼로 '사냥', '도류(屠戮)'당해 조국 자신이 밝혔듯이 '멸문지화(滅門之禍)'의 지경에 처했다. 이런 상황에서 '조국'이 할 수 있는 일이라곤 정치 외엔 다른 길이 없었을 것이다. 조국 자신도 정치보다는 학자로서 평생을 살았을 것이라 밝혔듯이 서울대에서 파면당하지 않았다면 학자의 길을 걸었을 것이다.

그렇다면 왜 조국은 정치를 해야겠다고 생각했을까? 무소불위의 검찰과는 달리 정치의 영역, 정당의 영역, 선거의 영역에는 '무기 대등의 원칙'이 적용된다. 정치의 영역은 검찰권의 무제한 사용보다는 사용할 수 있는 무기가 '투표'로 한정된다. 이런 원칙이 적용되는 현장에서 싸워 보고 싶었을 것이라 추측해 본다. 무기 대등의 원칙이 제대로 작용하고, 민심의 반영이라는 투표가 측은지심과 결합될 때는 파괴력은 배가될 것이고, 몇 번의 조정은 있겠지만 크게 흔들리지 않는 지지를 받을 것이라 생각했을 것이다.

조국 신드롬의 두 번째는 '분노'이다. 윤석열 대통령은 정치 초년병으로 대통령 선거에서 이재명 후보를 이겼다. 윤석열이 내건 슬로건은 '공정'과 '상식' 그리고 '정의'였다. 백낙청은 유튜브 방송에 출연하여 "6개월만 기다리면 된다. 이 기간 안에 윤석열 정권의 본성이 드러날 것이다."라고 말했다. 백낙청 교수의 주장에 설마 설마 했던 사람들은 그 주장이 차츰 현실화되는 것을 보면서 혀를 차기도 하고, (이명박, 박근혜의 경우와 마찬가지로) 손가락을 자르고 싶다고도 했다.

대통령에 취임한 지 만 2년도 안 된 지금의 대한민국은 정치는 물론 정치, 경제, 외교, 안보 등의 모든 분야에서 풍전등화의 위기에 처해 있다. 대한민국이 위기를 극복하고 다시 도약할 수 있느냐 이대로 주저앉아 제2의 필리핀, 아르헨티나가 되느냐의 기로에 서 있다.

초 저출생과 급속한 고령화의 진행으로 인한 국가소멸 위기는 당장 눈앞에 닥친 현실이 됐다. 경제는 저성장과 양극화의 심화로 인해 국민은 신음하고 있고, 자영업자와 서민은 낭떠러지에서 이러지도 저러지도 못하고 있는 상황이다. 또한 냉전의 해체 이후에도 유일한 분단국가로 남아 있는 한반도의 안보상황은 일촉즉발의 위기가 눈앞에 다가와 있다.

김대중 정부의 햇볕정책 이후, 정권 교체기마다 약간의 롤러코스터로 인한 혼란은 있었지만 그런대로 북한 위기는 를 잘 관리되어 왔다. 하지만 윤석열 정부의 등장 이후 진정한 '적대적 분단국가란 이런 것이구나'를 실감하게 된다. 그 반향은 전쟁을 우려해 투자를 기피하고 있는 해외 투자자들의 즉각적 반응이다. 21세기 시작 이후 급변하는 산업 생태계와 기후 위기 변화에 선제적으로 대응하지 못한다면 대한민국의 생존조차 장담할 수 없는 처지에 이르렀다.

일촉즉발의 위기 상황임에도 불구하고 윤석열 정부의 행태는 답답하다 못해 숨이 막힐 지경이다. 정부 스스로 평화를 위협하고 과학기술 경쟁력을 약화시키고, 지역갈등을 넘어 세대갈등, 남녀갈등을 조장하고 이용하는 정치, 국가적 위기를 외면한 채 오로지 선거 유불리만 생각하는 정치행태가 되풀이되고 있다.

이제 국민들은 '이재명과 조국의 강을 건널 것이냐 아니면 윤석열의 강을 건널 것이냐'의 선택지밖에 없는 것 같다. 무한 질주의 폭주 기관차를 멈춰 세우는 방법은 국민의 선택을 받은 국회를 통해 견제하는 것이 가장 합리적이라 판단된다. 그리고 반드시 그렇게 될 것이라고 믿는다. 국민들은 이미 건너야 할 강이 누구인가를 현명하게 판단했다고 본다.

조국 대표가 창당선언문(2024. 3. 2.)에서 "윤석열 정권을 깨뜨리는 쇄

빙선이 되고, 민주 진보 세력을 앞에서 이끄는 예인선이 되겠다"고 선언했다. 앞으로도 민주 진보세력의 승리를 위해 연대하고, 대한민국의 혁신을 위해 치열하게 고민하고 대안을 제시하는 정책정당이 되길 기대하면서 4월 10일 국민들이 내릴 판단의 결과가 무척 기대된다. 이번 총선이 복합적 위기에 직면한 대한민국을 다시 일으켜 세우고 동시에 무도하고 무능한 검찰권력을 제대로 '심판하는 날'이 될 것이다.

마지막으로 한 가지 덧붙이고 싶다. 민주당 김모 국회의원은 '하늘과 국민이 가장 두렵습니다'라는 글귀를 벽에 붙여 놓고 매일 각오를 새롭게 한단다. 보통의 인간들은 천재지변이 아니라면 하늘의 무서움을 별로 느끼지 못한다. 이 글귀를 곱씹어 보기 위해 4년 전으로 돌아가 보자. 21대 국회의원 선거에서 더불어민주당은 지역구 163석, 비례정당인 더불어 시민당 17석을 더해 총 180석을 획득했다. 이 결과에 나는 등골이 오싹하고 소름이 돋았다. 4년 뒤인 22대 국회의원 경선 때는 민주당에선 '피바람'이 불 것이라 자신 있게 공언했었다. (인간에게 현명한 선택을 기대할 수 있는가?라는 주제의 수업이었다.) 한 학생이 질문했다. '아직 국회가 개원도 안 했는데 어떻게 알 수 있느냐'라고 반박했다. 나는 여러 가능성을 염두에 두면서도 (그중 하나인 당선자들의 면면을 볼 때) 지금의 대성공이 결국 정치개혁의 신호탄이 될 것이라고 호언 장담했다. 내가 호언장담 했던 '피바람'이 지금 더불어민주당에서 현실이 되고 있다. 불과 1주일 만에 도전자가 현역 국회의원을 경선에서 이기고, 3선, 5선 국회의원이 '컷 오프'되고 민주당의 아성인 호남은 물론 서울·경기에서도 신인들이 돌풍을 일으켰다. 당원들은 일단 '갈아보자'라고 각오라도 한 듯, 경선만 하면 신인들에게 몰표를 몰아 줬다. 그 이유는 무엇이고, 왜 바꾸자고 마음먹었을까?

두 가지로 요약할 수 있을 것 같다. 첫째는 '윤석열 검찰 독재정권과 제대로 싸웠느냐'이고, 둘째는 검찰이 당 대표 체포동의안을 국회에 이첩했을 때 여기에 찬성했느냐의 여부가 판단 기준이었다. 전자의 대표적 예는 광주의 민모 국회의원은 국무총리와 당대표를 역임한 후보를 압도적 표차로 이겨서 본선에 진출했다. 국회의원이 제 할 일을 제대로 하면 당원들은 기다렸다는 듯이 몰표로 응답한다. 이것이 표를 통한 제2의 '수박' 색출 운동이다. 당원들에게 '배신자'로 호명된 국회의원들은 당을 떠나거나 불출마를 선언하거나 질 것을 알면서도 경선에 나서게 된다. 이것이 국민의 선택이다. 추풍낙엽이란 단어가 뇌리를 스친다.

# 7. 1,000일의 신화
   - 왜, 지금, 갑자기

윤석열은 2024년 12월 3일 10시 25분 긴급담화를 통해 비상계엄을 선포했다. 이날은 2022년 3월 9일 대선에서 승리한 지 1,000일째 되던 날이었다. 이 계엄 선포에 대해 사람들은 '도대체 왜, 지금, 갑자기 이렇게…'라는 반응과 '모르겠다, 이젠 무섭다'라는 두 가지의 반응으로 나뉘는 것 같다. 윤석열은 더 나아가 "민주당의 폭주를 알리기 위해 계엄을 선포했다고 말했다." 이렇게 되묻고 싶다. 계엄이 더 무서운가? 민주당의 폭주가 더 무서운가?라고.

계엄령 전문에서 윤석열은, "저는 북한 공산 세력의 위협으로부터 자유 대한민국을 수호하고 우리 국민의 자유와 행복을 약탈하고 있는 파렴치한 종북 반국가세력들을 일거에 척결하고 자유 헌정 질서를 지키기 위해 비상계엄을 선포"한다고 밝혔다. 비상계엄은 박정희가 1979년 10월 26일 김재규에 의해 피살된 이후 45년 만에 발령되었다. 87년 이후 형식적·절차적 민주주의가 어느 정도 정착됐다고 자부했건만, 이 체제의 역사적 결말이 고작 '잡범이냐, 국사범이냐를 선택해야 한다니' 참으로 어처구니없다.

헌법 제77조 5항은 "국회가 재적의원 과반수의 찬성으로 계엄의 해제를 요구한 때에는 대통령은 이를 해제하여야 한다"고 규정하고 있다. 계엄 해제 권한을 행사할 수 있는 우원식 국회의장은 "즉각 계엄을 해제하겠다"고 밝혔고, 실제 160분 만에 국회 결의로 계엄은 해제되었다.

그렇다면 윤석열은 왜 1,000일이 되는 날, 갑자기 계엄을 선포했을까?

이 부분은 앞으로 수사를 통해 밝혀질지도 모르겠지만, 나는 최소한 세 가지 정도를 추측해 본다. 첫째, 김건희를 의심해 본다. 윤석열과 김건희의 공천 개입의 핵심 인물인 명태균은 본인이 구속되기 한 달 전, "내가 구속되면 정권이 한 달 안에 무너진다"고 주장한 바 있다. 그러면서 "아직 내가 했던 일의 20분의 1도 나오지 않았다. 내가 입을 열면 세상이 뒤집힌다"고 말한 바 있다. 명 씨는 11월 15일 새벽 구속됐고, 윤 대통령의 탄핵소추안이 지난 14일 가결되면서 '한 달 안에 정권 붕괴'라는 명 씨의 예언은 적중하게 됐다. 또한 민주당이 공개한 윤석열과 명태균의 녹취록이 공개되면서 구속의 현실화 가능성에 두려움을 느낀 김건희가 윤석열을 재촉하지 않았을까?라고 추측해 본다. 사실이 아니길 간절히 바라 본다.

둘째는 윤석열은 후보 시절에도 극우 유튜버들이 떠드는 허무맹랑한 내용을 맹신하고 있었다는 것은 익히 잘 알려진 사실이다. 그러다 보니 '굉장히 우경화돼 일종의 정치적 광신'과도 같은 종말론에 빠졌을 것이라 추측해 본다. 그 증거가 삼일절과 광복절 축사이다. 그러다 보니 윤석열은 국민들과는 전혀 다른 가상 세계에 갇혀 자신을 전제군주로 착각해서 '내 말을 듣지 않거나 반대하는 사람들은 모두 제거해야 한다'는 망상에 사로잡혀 있었을 것이다. 오로지 선거 부정 세력과 반국가주의 세력 제거에 꽂혀 있다 보니 대통령실도, 국민의 힘 당도, 내각도 제대로 된 절차를 거치지 않고 계엄을 선포했으리라 추측해 본다.

셋째는 첫째와 밀접히 관련된다. 후보 시절 본격적으로 드러나기 시작한 김건희의 주가조작에 더해 취임 이후부터 지속된 지방선거와 국회의원 선거 공천 개입이 밝혀지기 시작하자 일명 '충암파'를 중심으로 치밀하게 계엄을 준비해 왔고, 무속에 의지해 1,000일째 되던 날 10시 30분을 선택했을 것으로 추측해 본다.

하지만 윤석열이 간과했던 점이 있다. 87년 이후 민주화는, 정치는 물론 군에도 광범위하게 확산되었다는 점이다. 장군들은 물론 특히 허리에 해당하는 (비육사 출신의) 영관급 장교들이 명령에 제대로 따르지 않았고, 영하의 차가운 날씨에 길거리에서 '탄핵'을 외치는 10대, 20대, 30대의 'K-POP'과 '응원봉'을 흔들며 춤추는 축제 콘서트 장면의 연출은 세대를 초월한 공감을 이끌어 내는 계기가 됐다. 윤석열과 충암파들은 이들의 외침을 미처 예상하지 못했을 것이다. 내가 광화문에서 직접 목격한 이들의 '윤석열 탄핵' 외침은 대한민국의 미래는 민주공화국이며, 이는 결단코 바꿀 수 없는 역사의 도도한 흐름이라는 것이었다.

윤석열의 반헌법적이고 초위법적인 계엄령 선포는 본인 스스로 심판받도록 만들었고, 본인 스스로 정치생명을 끊는 (민주 진영의 입장에서 보자면) 신의 한 수였다. '내란죄'는 사형, 무기징역, 무기금고 외에는 다른 선택의 여지가 없다. 윤석열은 검사로서 정치인과 기업인 다수의 수사를 통해 강골 검사 이미지로 국민들에게 각인되었다. 문재인 정부의 검찰총장으로 임명된 그는 2021년 3월 '검찰 수사권 완전 박탈'에 반발하여 검찰총장직을 사퇴하고 곧바로 '국민의 힘' 당에 입당했다. 이후 경선에서 승리하여 대통령 후보가 되었고, 그가 내세운 슬로건은 '국민이 키운 대통령'이었다. 선거 기간 내내 '공정과 법치'라는 조작된 이미지를 전면에 내세워 대통령에 당선되었다. 정치 초년병으로서 최고 전성기였다.

윤석열이 2013년 여주지청장 시절, '국가 정보원 댓글' 수사가 윗선 외압에 부딪히자 국정감사장에서 "나는 사람에 충성"하지 않는다는 발언은 마치 법치의 상징처럼 국민들에게 각인되었고, 이것이 대통령 당선에 결정적 역할을 했다. 또한 문재인 대통령에 의해 서울 중앙지검장과 검찰총장에 임명됐음에도 불구하고 조국 전 법무부장관 등 정부 인사들의 조작된 비리를 다수 수사함으로써 대통령의 임명권에 정면으로 도전했다. 이 도전은 검사로서 윤석열은 살아 있는 권력에 좌고우면하지 않는다는 이미지가 국민들에게 깊이 각인되었고, 국민들은 열광했다.

하지만 윤석열은 대통령에 취임한 이후 검찰 편중 인사, 김건희를 통한 사적 채용 및 도이치모터스 주가조작 연루, 조 바이든 미국 대통령과 회담 후 욕설 논란, 이를 보도한 MBC 기자의 대통령 전용기 탑승 배제와 취재 불허, 3차례의 김건희 특검법 거부, 검찰의 김건희 황제 수사 등 윤석열 때문에 공정한 수사와 단죄를 방해했다는 인식이 팽배해졌다.

윤석열의 1,000일은 야당과의 불화의 기간이었다. 야당이 주도한 25건의 법률 재의 요구권을 행사해 민주화 이후 가장 많은 거부권을 행사했다. 윤석열은 본인과 친인척의 특별 검사 수사를 막기 위한 사적 거부권을 행사한다는 국민들의 엄청난 비난을 받아왔다.

22대 총선 전, 한동훈은 김건희의 '명품 가방 수수 사건'과 관련해 '국민 눈높이'를 강조해 윤석열의 지지와 신뢰를 박탈당했다. 이러한 일련의 사건들은 4월 총선에서 뜨거운 쟁점이 되었고, 야당이 192석을 차지했고, 여당은 초유의 패배를 당했다. 한동훈의 국민의힘 당 대표 선출 후 불거진 '김건희의 문자 파동' 등 대통령실과의 갈등이 지속되었다. 결국 한동훈은 윤석열 탄핵 2차 투표를 앞두고 탄핵에 찬성함은 물론 윤석열의 당원 제명을 강조해 갈등이 최고조에 달했다. 한동훈은 이번 계엄이 성공했다면 HID 요원에 의해 사살되었을지도 모른다.

윤석열은 대통령에 취임한 후, '4대 개혁'을 내세워 유능한 정부라 자칭

했지만, 여소야대라는 국회의 현실에 직면하면서 무력 사용의 필요성을 절감했을 것이다. 급기야 22대 국회 개원식과 예산 시정연설에도 불참했다. 그러던 와중에 터진 지방의 정치 브로커 명태균의 등장은 야당에겐 최고의 먹잇감이 되었다. 윤석열은 기자회견을 열어 대통령 후보 선출을 위한 여론조작, 공천개입, 창원 산업단지 부지 선정 정보 유출 의혹을 모두 부인했다. 하지만 야당은 최재해 감사원장, 이창수 서울 중앙지검장 등에 대한 탄핵과 함께 사상 초유의 야당 단독 감액 예산안을 통과시켰다.

윤석열은 취임사에서 세계시민을 향해 다음과 같은 포부를 밝혔다. "공권력과 군사력에 의한 불법 행위로 인해 개인의 자유가 침해되고 자유 시민으로서 존엄한 삶이 유지되지 않는다면, 세계시민이 자유 시민으로서 연대하여 도와야 하는 것"이라고 역설했다. 하지만 윤석열은 12월 3일 밤 본인이 내세운 모든 가치를 스스로 거부하는 선택을 했다. 한덕수 국무총리를 위시한 국무위원들이 반대를 했다고 하지만 윤석열의 고집을 꺾지 못했다고 알려졌다. 국무위원들의 행태도 앞으로 철저한 수사를 통해 그 내막이 소상히 밝혀져야 할 것이다. 한덕수를 위시한 국무위원들은 내란의 공범자들이고, 국민을 상대로 총구를 들이민 반역자들이다.

12월 14일, 명태균의 변호인이 일명 '황금폰'을 창원지검에 제출했다는 보도가 나왔다. 명태균은 구속 직전 "최순실 국정 농단은 아무것도 아니다"라고 지인들에게 얘기했다고 한다. 검찰에 제출한 그의 녹취록이 공개되면 그 여파는 계엄과는 또 다른 형태의 쓰나미가 되어 몰려올 것이 예상된다. 윤석열과 김건희의 죄목이 더 추가됨은 물론이고 법정에서의 형량은 우리의 상상을 초월할 수도 있다.

그동안 민주당은 "김영선이 좀 해 줘라"를 비롯한 윤석열, 김건희와 주고받은 전화 통화와 메시지 4건이 공개되었다. 녹취록 공개도 계엄령에 영향을 미쳤을 것이라고 앞에서 얘기했다. 11월 12일 명태균은 "대통령 녹음 하나 나오면 큰일 나는 거, (김영선이를 좀 해 줘라 그랬는데 말이 많네. 당에서…) 이 녹취록은 20%밖에 안 나오고, (황금폰) 안에 80%가 더 있다"고 밝혔다. 명 씨는 이 외에도 다른 녹취나 메시지가 있고, 검찰도 조사 과정에서 이걸 알게 됐다고 주장했다. 당분간 탄핵 여파가 주된 뉴스가 되겠지만, 명태균 수사 과정도 그에 못지않은 파장을 일으킬 것이라 생각해 본다.

윤석열 자신에게 국민은, 일부 극우 유튜버와 광화문의 태극기 부대, 부정선거를 맹신하고 있는 자들과 자신이 어떤 행위를 하더라도 지지해 주는 자들뿐이라고 생각하는 것 같다. 이런 망상에 빠져 있는 사람이 계속 대통령직을 유지해도 된단 말인가? 대통령직을 유지할 만한 정신상태인가에 대한 심각한 의문을 던져 준다. 마지막으로 노무현 전 대통령은 서거 5개월 전, 호주의 한 학자와 이런 내용으로 인터뷰를 했다. 그는 민주주의의 3대 요소로 "'권력층의 규범준수'와 '대화와 타협의 정치문화', '자유와 평등'을 제시했다. 또한 '노무현의 당선 자체가 역사에서 의미 있는 사건이라 믿었지만 어떤 진전이 있었는지 확신이 서지 않는다"라고 자신의 임기를 회고했다고 한다. 많은 상념에 빠지게 하는 언급이다. 오늘도 잠 못 들고 뒤척이는 새벽이 될 것 같은 예감이 든다.

# 8. 해방공간과 이념, 민중의 선택

 해방공간에서 일반 인민이 바랬던 것은 무엇이었을까? 많은 국민들은 수십 년의 이민족 지배에서 벗어나 민족자결의 세상에서 살고 싶은 마음이 가장 간절하지 않았을까 싶다. 다른 한편으로는, 군국주의의 폭력성을 벗어나 평화를 누리고 싶은 마음, 전쟁 말기의 궁핍에서 벗어나 여유로운 생활을 즐기고 싶은 마음 또한 간절했을 것이다. 그런 행복한 생활을 보장해 주는 제도적 장치가 무엇인가에 대한 치열한 논의 끝에 우리 국민은 결국 민주주의를 선택했다.

 해방공간에서 (좌익이건 우익이건) 강한 정치적 열망을 가진 사람들은 일반 인민의 이런 소박한 열망보다 더 좋은 세상을 만들겠다는 희망에 부풀었을 것이고, (좌익이건 우익이건 간에) '인민의 정치', '인민을 위한 정치'를 구현하기 위해 연구와 궁리를 했을 것이라 본다. 하지만 그 누구에게서도 '인민에 의한 정치'의 추구라는 점에 대해서는 아쉬운 생각을 떨쳐 버릴 수 없다.

 다만, 건준(건국준비위원회, 1945년 8월 15일 발족)이 풀뿌리 주민조직을 활용하려 노력했던 점만은 인정한다. 총독부 정무총감의 협조 요청은 건준 활동의 최소한의 근거였고, 여운형과 안재홍의 명망은 인민에게 거부당하지 않을 최소한의 조건이었다. 그 근거와 조건 위에서 건준 사업의 기반 조건 확충을 위해서는 주민조직과의 접촉면을 꾸준히 넓히고 지키고 키우는 것은 반드시 필요했다. 하지만 9월 초 인공[8] 설립을 계기로 그 접촉면이 위축되면서 인민대중의 모습이 정치 현장에서 흐려지면서 이후 정치활동의 주체가 아닌 객체, 더 잔인하게 표현하자면 좌·우익이라는 이념의 도구로 전락하고 말았다.

정치(politics)란, 고대 그리스어 폴리스(polis)에서 유래한 고유명사다. 정치란 특정한 시기에 특정한 사람들이 특정한 목적으로 만들었고 고유의 인간관, 세계관, 가치체계와 제도 그리고 행동양식을 요구한다. 여기에 근거하여 해방공간에서 '정치란 무엇인가?'에 대한 내 나름의 설명은 다음과 같다.

'해방 공간에서 한국인이 처해 있는 긴박한 현실을 이해하기 위해 그 긴박한 현실로부터 잠시 벗어나 그 당시 정치가들이 추구했던 각각의 이념에 대한 대화의 내용을 같이 경청해 보는 것' 혹은 '대화의 초대장'이 아닐까 생각해 본다. 더 쉽게 얘기하자면 사회의 바람직한 진로를 찾아가는 과정이 아닐까 싶다. '바람직한 진로를 찾는 것'이라는 개념에 근거해 정치를 논해 보고자 한다.

정치가 제대로 작동되는 정치체제에서는 이 '바람직한 진로'라는 요구의 평균점(예컨대 복지, 평화, 번영, 민주주의 등)이 어느 정도 존재한다. 이 평균점을 기준으로 빠르고 큰 변화를 바라는 집단을 좌파, 느리고 작은 변화를 원하는 사람들을 우파라 정의하자. 좌파 중에서 유난히 성질 급한 집단을 극좌로, 우파 중에서 지극히 완고한 집단을 극우로 설정해

---

[8] 조선인민공화국은 1945년 9월 6일에 서울에서 선포되었으며, 이름만 비슷하게 지어진 북한과 다르게 다당제 민주주의 공화국으로 설계되었고, 지방자치제도의 시행을 제시하였다. 국기는 태극기, 수도는 서울이었으며, 명목상 약칭은 '조선인공'이었다.

보자. 이 극좌와 극우는 정치작용을 활성화하는 역할을 할 수도 있지만, 현실 정치에서는 교조주의, 모험주의, 패권주의 성향을 나타내기도 해서 어떤 경우에는 반(反)사회적이고 반(反)정치적 경향으로 나타나기도 한다. 이러한 정치적 경향은 대한민국의 평균점인 '평화와 번영 그리고 복지국가'에 위배된다. 국민들은 '도덕성'과 '합리성'이라는 기준의 잣대를 들이대어 정치가들을 재단하게 된다. '도덕성'은 개별 정치인에 대해, '합리성'은 정치체제의 구조에 대해 작동한다. 만약 이 두 가치(도덕성과 합리성)가 제대로 작동되지 않으면, 좌파와 우파를 가장한 야심가와 정치 모리배들이 판을 친다. 이들은 언론을 장악하여 조작하며, 국민들의 자발적 선택의 길을 차단하고, 자신들의 이익 극대화를 위해 절대적 힘을 추구하게 된다.

해방공간에서 절대적 마력을 가진 지닌 이념 상품은 '민족주의'와 '민주주의'였다. 식민지에서 해방된 인민은 굶주림에 허덕이면서도 이 두 이념에 맹목적으로 매달릴 수밖에 없었다. 두 이념은 이후 절대화 경로를 밟게 된다. 작금의 연구가들이 해방공간에서 핵심 이데올로기는 사회주의와 자본주의였다고 주장하기도 하지만, 그 당시 이 두 이데올로기가 대중의 선택을 받기 위해 합리적으로 경쟁하는 모습은 좀처럼 찾아보기 어렵다. 압도적 힘을 가졌던 '민족주의'와 '민주주의'라는 마력의 상표 뒤에서 책략과 폭력이라는 수단을 통해 정파적 투쟁이 전개되었다.

신탁통치안에 대해서도 '반탁'처럼 비합리적인 구호 역시 '민족'과 결합하기만 하면 막강한 힘으로 나타났다. 이런 상황에서 중도파는 '반탁'이냐 '찬탁'이냐를 강요받거나 아니면 양 진영의 단순한 포섭 대상일 뿐이었다.

해방공간에서 인민(혹은 대중)의 요구는 무시되거나 조작되어 각 진영

논리를 홍보하는 상품처럼 '적대적 공생관계'의 희생양이 되어 이념의 양극화를 조장하게 된다. 과연 경쟁 없는 이념을 이념이라 할 수 있겠는가? 이건 달리 표현하면 이념의 증발이나 마찬가지다.

해방공간에서 고려해야 할 또 하나의 변수가 점령군으로서 소련과 미국의 대(對) 한반도 정책이었다. 두 강대국의 대립과 점령 정책의 상이성은 해방공간의 이념시장을 황폐하게 만든 책임 특히 중도파가 몰락하고 극단적인 이념을 가진 양 집단이 득세하게 만든 책임으로부터 결코 자유로울 수 없다. 소련은 한반도 이북 지역의 행정을 현지인에게 맡긴다는 기본 방침을 세웠고, 이를 일관되게 시행하였다. 이에 반해 미군은 소련군보다 보름 이상 늦게 진주했고 꽤 오랫동안 총독부 산하 조직에 행정과 경찰을 맡겨 놓았다. 그 후로도 일본인 간부들을 고문으로 채용해서 역할을 맡겼다.

먼저 소련군의 치스차코프(Ivan M. Chischakov) 사령관은 이북 지역의 일본군 주력인 관동군 제34군의 무장해제를 함흥에서 단행[9]하고, 함경남도의 행정권을 접수하자마자 그 즉시 조선 민족 함경남도 집행위원회[10]에 넘겨주었다. 평안남도에서는 26일 조만식(曺晩植, 1883~1950)을 위원장으로 하는 평안남도 인민정치위원회에 행정권을 넘겨주었다. 8월

---

9) 일본이 1945. 8. 10일 항복의사를 밝히자 미국은 연합국의 소율을 서쳐 '일반명령 1호'를 작성하여 발표하였다. 일반명령 1호는 5개 항으로 구성되는데, 북위 38도 이북은 소련 극동군사령관이, 북위 38도 이남은 미 태평양육군사령관에게 항복하도록 규정되어 있다. 이에 따라 일본군의 항복 시점은 각각 다르다. '일반명령 1호'에 의해 한반도 분할선이 북위 38도선으로 결정되었고, 분할선을 그은 자가 딘러스크와 본스틸 대령이다.
10) 함흥에서는 8월 16일 함흥형무소에서 석방된 정치범들을 중심으로 함경남도 공산주의자 협의회가 결성되고, 또 건준 함경남도 지부도 결성되어 있었다. 소련군이 진주하자 두 단체가 합쳐 조선민족 함경남도 집행위원회를 만들어 도행정권을 넘겨받은 것이다:김기협 저, 『해방일기 Ⅰ』, p. 103.

31일에는 평안북도 임시인민정치위원회가, 9월 13일에 황해도 인민위원회가 도 행정권을 넘겨받고, 9월 말 함경북도 인민위원회가 결성되어 38선 이북 5도 인민위원회체제의 얼개가 완성되었다.

이처럼 소련군은 자치권을 넘겨주었는데, 미군은 일부러 하지 않은 것인가? 아니면 못 한 것인가? 첫 번째 해답은 해방공간이라는 한반도의 현실과 중국의 국공내전에서 승리한 중화인민공화국에서 찾아야 한다. 박태균은 "제국주의로부터 해방된 아시아 국가들에게서 나타나는 공통된 현상의 하나는 공산당의 커다란 영향력[11]"이라고 지적한다. 당시 한국에서도 조선 공산당은 가장 큰 영향력을 행사하고 있었다. 또한 공산주의자들은 제국주의에 협력하지 않고 저항했으며, 토지 소유의 평등을 통해 지주-소작관계를 청산해야 한다고 주장하여 대중적 지지의 토대를 마련했다. 국제정치학자 개디스(James I, Gaddis)가 『냉전의 역사』에서 동유럽의 공산정권은 "내부로부터 초대받지 않은 정권이었지만, 아시아의 중국과 베트남에 수립된 공산정권은 대중적 지지"를 통해 수립되었다고 역설했다. 한국에서도 공산주의자들은 대중적 지지를 받고 있었다. 이런 이유로 소련은 한반도의 적화를 낙관하는 편이었고, 미국은 두려워하는 편이었다.

두 번째 해답은 점령군과 현지인 사이에 얼마만큼 신뢰를 쌓아나가기에 유리한 환경이 조성되었느냐의 여부이다. 소련군은 인민위원회가 상당한 책임과 권한을 누리는 상태가 한국 사회의 장래를 모색하기에 유리하다고 판단했고, 형편 돌아가는 대로 최소한의 조정만 하면 된다고 판단했다. 동유럽의 경험을 북한 지역에 적용한 것이다. 반면, 미군과 미군정은 남한 지역의 정치인과 정당, 민중들을 믿지 못했을 뿐만 아니라 이미

---

11) 박태균 저, 『버치문서와 해방정국』(역사비평사, 2021), pp. 28-29.

공산주의와의 대결 의식을 가다듬은 상태에서 미국의 국익에 들어맞는 '길'을 찾아내야 한다고 생각했던 것 같다. 그래서 일본이 35년 동안 안정적으로 지배해 온 통치체제를 유지하는 것이 가장 안전한 길로 보였을지도 모를 친일파를 등용하게 된다.

역사에는 가정이 없다지만, 그래도 한번은 가정을 해 보자. 1945년 8월 30일경, 임시정부 대표들이 중경의 미 대사관을 방문해서 귀국 희망을 표명한다. 서중석의 기록에 따르면 "미국식 민주주의를 신봉하고 기독교 신자가 많은 자신들이 러시아를 배경으로 한 공산주의자들의 대거 입국 때문에 희망을 잃고 있다고 표명하면서, 임정의 지도적 요인들을 점령군의 보좌역 또는 통역의 자격 등으로 입국시켜 줄 것을 요망하면서, 미국의 도움으로 입국한다면 그들은 미 점령군이나 혹은 국무성의 의사에 반하는 일을 결코 하지 않을 것이라는 비망록을 남겼다.[12]" 만약 미 정부가 임정 요인의 빠른 귀국을 허용했다면 해방공간에서 친일 세력은 척결되었을 것이고, 그 당시는 물론이고 21세기 한국의 역사 전개는 사뭇 달라졌으리라 추측해 본다.

송건호는 『역사에 민족의 길을 묻다』라는 책의 서문에서 한 인물에 대한 평가의 기준 내지 근거로, '민주주의'와 '민족'이라는 두 가지를 제시한다. 여기에 근거하여 이 민족의 통일, 이 사회의 민주주의, 그리고 민족의 자주와 자유를 기준으로 인물 평가의 기준이 되어야 하며, 이 기준에 따라 '역사의 길'과 '현실의 길[13]'로 구분하여 제시한다.

'역사의 길'은 세 가지(통일, 민주주의, 자주와 자유)를 체화한 삶의 길

---

12) 서중석, 『한국현대민족운동연구』(역사비평사, 1992), p. 275.
13) 송건호 저, 『역사에 민족의 길을 묻다』(한길사, 2009), p. 6~7.

이며, 형극의 길이자 수난의 길이다. 또한 사회의 온갖 세속적 가치로부터 소외된 길이다. 이런 연유로 해서 사람들은 역사의 길이 옳다는 것을 알면서도 그 길을 택하지 않고 현실을 길을 걷는다는 것이다. 왜냐하면, 현실의 길은 안락의 길이자 세속적 영화의 길이기 때문이라는 것이다. 수난의 일제 강점기에 수많은 인재들이 역사의 길을 버리고 현실을 길을 택했다고 본다.

현실의 길을 택해 걸었던 사람들은 갖가지 명분을 내세운다. 이 길은 민족을 배반하고 영구 분단의 길을 걷는다고 말하는 사람은 한 사람도 없다. 이 길만이 민족을 위한 길이고 독립을 위한 길이며, 또 통일을 위한 길이라고 강변한다. 이완용·송병준·이용구·이광수·최남선 같은 민족의 배신자들도 자신들이 걷는 길이 역사의 길이라고 강변했다. 이완용 등이 걸었던 길을 흔히 '매국의 길'이라 칭한다. 이러한 부류의 인간상은 시대와 장소만 다를 뿐 오늘날에도 얼마든지 있고, 또 우리는 오늘날에도 만날 수 있다. 작금의 대한민국 정부와 대통령실의 핵심에 뉴라이트(New Right)[14] 세력이 둥지를 틀고 있다. 광복회장 이종찬은 이들을 밀정이라 칭했고, 김어준은 간첩(단)이라 칭한다. 이들이 친일정책과 행로를 선택하는 것은 당연지사이다. 머지않아 민심은 이들을 배척할 것이다.

---

14) 뉴라이트(New Right)는 2002년 동아일보 기사에 처음으로 등장한다. 전우용 박사는 뉴라이트를 변종 극우 이데올로기라 본다. 나도 여기에 동감한다. 그 이유를 뉴라이트의 인간관에서 발견할 수 있다. 뉴라이트 주창자들은 '인간이란, 주어진 조건에서 자기 이익을 극대화하기 위해 합리적으로 선택하고 행동하는 동물이다.'라고 얘기한다. 이를 분석해 보자. 주어진 조건(기회주의)에서 자기 이익을 극대화(이기주의)하기 위해 합리적으로 선택(경제적 측면의 선택이므로, 물질만능주의에 해당)하고 행동하는 동물이다. 이들은 기회주의, 이기주의, 물질만능주의를 인간관의 본질로 삼는다. 세 가지 주의를 체화한 인간의 전형이 이완용이고 이승만이다. 이들은 행동반경은 철저하게 이기주의와 기회주의에 따라 움직인다. 그러하니 뉴라이트 신봉자들이 나아갈 반향은 불을 보듯 뻔한 것이다.

송건호는 꼭 민족을 배반하는 변절은 아니라 할 수 있지만 8·15 이후 현실의 길을 택한 사람으로 '이승만'을, 안재홍은 어느 일면 현실의 길을 택했다고 본다. 다만, 이승만이 택한 현실의 길은 국제적 단위 속에서 '자기 생존의 길'을 찾자는 것이었다면, 안재홍의 길은 국제적 질서에 의해 조성된 상황을 현실로 받아들이고, 그 현실을 타개하자는 '명분'에서 택한 길이었다고 평가한다. 하지만 백범처럼 역사의 길과 현실의 길 사이에서 타협하지 않고 철저하게 역사의 길을 걷다가 역사 속에 생명을 바친 경우도 있다. 이승만의 길과 안재홍의 길, 김구의 길 등 제각각 다른 세 가지 길은 어느 정도 평가가 끝났고 앞으로도 평가는 계속될 수밖에 없다.

일제 강점기 친일파들은 '매국의 길', '반역의 길'을 걸었던 자들이다. 이들이 걸었던 길은 단지 일본과 친했기 때문에 문제가 된 것이 아니라 나라를 팔아먹고 일본의 제국주의 전쟁에 협력하면서 한국인들을 수탈하고 괴롭히면서 독립운동가들을 탄압했던 전쟁범죄자들이기도 하다. 이들은 해방된 공간에서 미군정은 물론 정당 조직에 참여하면 안 되는 사람들이었고, 그들의 죄과를 당당하게 물었어야 했다. 하지만 미군정은 이들을 중용했고, 그 결과 민중은 좌절했으며, 민중들이 갈 길은 '사회주의'라는 막다른 골목에 이른 것이다. 미군정이 가장 우려했던 길을 민중들은 자의든, 타의든 선택할 수밖에 없는 절실한 상황이었다.

송건호는 '세상에는 옳은 길, 그른 길이 분명히 있다'고 말한다. 이 말이 의미하는 바는 유한한 존재로서 인간의 삶을 희구하는 것이지, 영원 속의 관념적이고 추상적인 인간의 삶을 의미하는 바는 아니다. 이처럼 산다는 것은 어렵다. 갑자기 이런 글귀가 떠오른다. '바보의 뇌는 입에 있고, 현자의 뇌는 마음(가슴)속에 있다.'

─────── • 에필로그 • ───────

　추억은 나를 어린 시절의 나 자신으로 되돌려 보낸다. 그 시절 구름을 신기해하며 구름 뒤에 감추어져 있는 이야기를 상상해 보기도 하고, 책을 읽으며 다른 시대로 상상의 여행을 하기도 했다. 또한 내 머릿속에는 전혀 만난 적이 없는 저 세상의 다른 누군가의 삶에서 나온 장면으로 가득하기도 했다. 결코 들어 본 적 없는 목소리가 나의 내면의 귀에 속삭일 때, 놀라 정신을 차리곤 했다.
　이러한 삶의 특별한 체험 가운데 사랑은 각별한 위치를 갖고 있다. 질병이나 죽음과 달리 사랑은 적어도 그 시절, 그 무엇에도 억압되지 않고 추구된다. 나는 그런 사랑의 얘기를 적고 싶었다. 하지만 12·3은 이런 바람을 완전히 뒤집어 놓고 말았다. 결론부터 얘기하자면 만약 우리 모두 '포기하지 않는다면 결국 웃는다'는 평범한 진리를 깨닫게 해 주는 계기이기도 했다.
　나는 대한민국 존립의 두 근거를 '법치주의'와 '민주주의'라고 생각한다. 민주주의 사회에서 서로 다른 생각과 서로 다른 가치 혹은 가치관과 진리의 상대성을 인정하고 서로의 차이를 존중하는 다원주의의 전제는 필수적이다. 만약 다양성을 존중하지 않는 '통합'은 민주주의가 아닌 전체주의로 흘러갈 수밖에 없다. 더 나아가 설령 다양성을 인정하더라도 헌법 질서의 핵심 가치를 부정해서는 안 된다. 윤석열은 헌법재판소에서 국민통합을 언급했다. 윤석열은 통합을 언급하기 전에 먼저 자신의 책임을 인정해야 하며, 진심으로 국민들에게 사과부터 해야 했었다.

독일 최초의 민주공화국인 바이마르공화국의 첫 대통령인 프리드리히 에베르트는 "민주주의를 위해서는 민주주의자가 필요하다"고 역설했다. 민주주의는 민주주의자들이 지켜낼 수 있다. 내란 세력은 민주주의를 파괴했지만, '키세스 응원단'으로 대표되는 광장의 시민들은 스스로 민주주의자가 되어 민주주의를 지켜냈다.

대한민국이 민주주의를 달성하고 경제적으로 선진국 대열에 올라설 수 있게 된 것도 이러한 용기 있는 시민들이 있었기 때문이다. 조성현 수도방위사령부 제1경비단장은 헌법재판소 8차 변론기일에 증인으로 출석해 윤석열이 국회의원을 끌어내라는 지시가 있었다고 명확하게 증언했다. 군인이 추구하는 최고의 덕목은 '용기'이다. 용기에 대한 최고의 보상은 '명예'다. 12·3 비상계엄에서 용기 있는 군인들을 보호하고 존중해주는 것은 이들의 명예 회복의 출발점이 될 것이다. 덧붙이자면 국민의 적은 군인들에게도 적이라 가르치고 각인시켜야 한다는 것이다.

앞에서 언급했던 레비츠키와 지블랫은 『어떻게 민주주의는 무너지는가』(How Democracies Die)에서 "민주주의를 지키는 보이지 않는 규범"을 언급했다. 이것이 의미하는 바는 민주주의를 지켜 지속시키기 위해서는 일종의 명문화되어 있지 않은 규범을 지키는 게 중요하다는 의미이다. 그렇다면 그 보이지 않는 규범이 바로 '관용'이고 '자제'다. '관용'은 타인의 자유가 늘어나는 것을 수용하는 자세인 반면, '자제'는 나의 자유를 내가 스스로 줄이는 행위이다. 이 두 개념 간 서로의 상호작용성을 인정한다면 헌법 전문에 나와 있는 자유민주적 기본 질서는 강화된다. 반면, 관용과 자제가 사라진 그 빈자리는 '만인에 대한 만인의 투쟁'이 채울 것이다.

법치주의의 진정한 의미는 "공권력이 권한을 행사할 때는 법이 정한 원칙을 지켜"야 한다는 것이다. 장순욱 변호사는 『국민이 지키는 나라』에서 대통령뿐 아니라 그 어떤 권력도 오히려 권력자일수록 더더욱 자기한테 주어진 권한을 행사할 때는 헌법이나 법을 잘 지켜야 하고, 그 위반 여부를 감시하는 역할을 하라는 의미에서 국회에 탄핵 소추권이 있고, 헌법재판소의 탄핵심판권이 있다. 이러한 보완 장치를 통해 법치주의는 구현된다고 역설했다.

법치주의와 민주주의는 수레의 양 바퀴처럼 조화롭게 굴러가기도 하지만 때론 대립하기도 한다. 평상시 전체 국민 중 단 한 사람인 대통령에게만 헌법적 특권이 부여되어 있다. 주권자로부터 위임받은 대통령은 민주적 정통성을 살려 살인죄, 강도죄 등등을 벌하는 법치주의는 5년 동안 덮어두는 특혜를 베푼다. 우리 헌법은 법치주의보다 민주주의를 더 우월하게 여긴다고 볼 수 있다. 하지만 대통령이 내란죄와 외환죄를 저질렀다면 민주주의가 아닌 법치주의로 처벌받게 된다.

2025년 4월 4일 금요일 오후 3시 18분, 나는 서울행 KTX에 몸을 실었다. 좌석에 앉자마자 곧바로 가방에서 탄핵 결정문을 꺼내 읽기 시작했다. 광명역을 지나 용산역에 도착할 즈음 결정문도 막바지에 이르렀다. 헌법 제11조와 84조가 생각났다. 11조 제1항은 "모든 국민은 법 앞에 평등하다"는 조항이고, 84조는 "현직 대통령은 내란 또는 외환의 죄를 범하지 아니하고는 형사소추되지 아니한다"고 명시되어 있다. 이 조항과 일치하는 조항이 이번 결정문에 포함되어 있다.

"국민으로부터 직접 민주적 정당성을 부여받은 피청구인을 파면함으로써 얻는 헌법 수호의 이익이 대통령 파면에 따르는 국가적 손실을 압도할 정도로 크다"고 밝힌 부분이다. TV와는 또 다른 전율이 온몸에 밀려왔다. 헌법재판소의 선언은 '주권자의 승리, 국민의 승리, 헌법 수호의 승리'로 역사는 기록할 것이다.

문형배 헌법재판소장 권한대행의 마지막 주문만 남았다. 지금도 그 목소리가 귓가에 쟁쟁하다.

"대통령 윤석열을 파면한다."

아직도 그 전율은 온몸에 남아 사라질 줄 모른다. 대한민국이라는 국가 존립의 두 근거인 민주주의와 법치주의가 온전히 지켜진 것이다. 이제 남은 것은 내란 세력의 잔불을 정리하는 것이다. 윤석열의 12·3 비상계엄은 우리 사회에 암약하고 있던 내란 동조 세력들의 '커밍아웃'의 장이 펼쳐졌었다. 이 글을 쓰고 있는 지금도 우리 사회의 도처에서 내란세력은 자기 목소리를 내면서 발호하고 있다. 대법원 전원합의체가 전례 없는 속도전을 펼쳐 국민의 선택을 받아야 할 후보자의 법적 자격을 박탈하려고 시도했던 일, 비상계엄을 지지하고 윤석열의 탄핵을 반대했던 보수정당 내부가 절차에 따라 선출된 자당의 대통령 후보를 강제 교체하려다 실패한 일 등이 대표적이다.

내란 잔불 정리는 속도가 중요하다. 커밍아웃을 선언한 내란 동조 세력들의 행동을 신속하게 진압하고 그 책임자에 대해서는 그에 상응한 책임을 물어야 한다. 공직자라면 공직 사퇴는 물론 형사처벌도 뒤따라야 한다. 덧붙여 이번 사태에서 법조인들 역시 여죄를 따져야 한다. 이들은 이미 우리 사회의 최상위 기득권층이자 내란 동조 세력들이다. 이들의 여죄도 철저히 가리고 따져야 한다. 이번 기회에 이들에게 최소한의 양심이나마 되돌아보는 기회를 주어야 한다고 본다. 물론 불가능하리라 보지만.

알베르 카뮈(Albert Camus)는 "프랑스 공화국은 관용으로만 건설되지 않는다. 과거의 범죄를 처벌하지 않는 것은 미래의 범죄에 용기를 주는 것이다"라고 말했다. 오늘, 헌법재판소와 우리가 내란 우두머리 윤석열과 그 일당들의 민주주의 파괴와 법치주의 파괴행위를 단죄하지 않는다면, 이는 미래의 독재자들에게 잘못된 신호를 제공하는 결과를 초래할 것이다.